home coaching

NATÜRLICHES WOHNEN

Marcel Guedj
Fotos: Yves Robic

FLEURUS IDEE

INHALT

NATÜRLICHES WOHNEN

BÖDEN: WÄRME UND NATÜRLICHKEIT

WÄNDE: DEKORATIVE OBERFLÄCHEN

DIE INNENEINRICHTUNG

PRAKTISCHES

GEDANKEN ZUR RAUMGESTALTUNG

Natürlich interessiert uns Umweltschutz ganz besonders, denn es geht schließlich um die Luft, die wir atmen, um unsere Gesundheit, ob wir uns wohlfühlen und um die Zukunft dieser Welt. Doch wir müssten den Schutz unserer Umwelt in unserem Verhalten und bei unseren täglichen Gewohnheiten noch stärker berücksichtigen. Beim Bau unserer Häuser und bei der Raumgestaltung sollten wir ganz in diese Richtung arbeiten.

Obwohl Statistiken belegen, dass wir 70 bis 90 % unserer Zeit (bei Kleinkindern oder älteren Personen ist es sogar noch mehr) in Innenräumen, zu Hause oder am Arbeitsplatz verbringen, ist die Luft an diesen Orten in der Regel von schlechter Qualität. Sie wird unter anderem verschmutzt durch Produkte aus der Mineralölindustrie sowie durch flüchtige organische Verbindungen, etwa Benzol (von der WHO, der Weltgesundheitsorganisation, als krebserregend eingestuft), Toluol, Trichloräthylen usw. An erster Stelle der Luftverschmutzer steht jedoch das Formaldehyd, vom Internationalen Krebsforschungszentrum als krebserregend anerkannt, das man in der Luft in unseren Innenräumen in einer fast zehn Mal höheren Konzentration vorfindet als im Außenbereich. Warum? Weil es vor allem in Materialien und Möbeln mit Harnstoffleim enthalten ist, zu denen an erster Stelle Spanplatten zählen, aber auch Schichtholz, Küchen- und Badeinrichtungen, Dekorationspaneele usw. Und das sind nur einige Beispiele.

Ab wann kann man unter diesen Bedingungen von einer ökologischen Raumgestaltung sprechen? Zunächst einmal, wenn in erster Linie natürliche und gesunde Materialien verwendet werden, die weder chemische

Bestandteile oder Lösungsmittel noch Mineralfasern enthalten, im Gegensatz zu Glaswolle, Vinyl, PVC, Polyurethan (zu finden vor allem in Lacken, Farben, Klebern, Schaumstoffen) usw.

Dann, wenn es sich um regionale Materialien handelt und nicht um solche vom anderen Ende der Welt, beispielsweise exotische Hölzer, für deren Handel man gnadenlos den Regenwald abholzt! Man sollte also einheimische Hölzer (Eiche, Fichte, Buche, Lärche) bevorzugen sowie Terrakotta, Kalk, Kork, Hanf, Pflanzenfasern … Zusätzlich ist die Herstellung/Verarbeitung dieser natürlichen Materialien energiesparender als die der exotischen Produkte; wir werden also bei unserer ökologischen Herangehensweise an die Raumgestaltung auf exotische Produkte verzichten. Derzeit verursacht die Produktion von Baumaterialien fast ein Viertel der Treibhausgasemissionen. Und genau in diesem Bereich können wir mit dem natürlichen Wohnen Einfluss nehmen.

Die Gesundheitsrisiken sollten nicht dramatisiert werden. Auf der anderen Seite sind Fortschritte zu verzeichnen, die in den vergangenen Jahren bei der Herstellung von ungiftigen Materialien gemacht wurden (so gibt es inzwischen Kleber, die gar kein Formaldehyd freisetzen). So setzt es sich die ökologische Raumgestaltung zum Ziel, gesunde und natürliche Materialien zu fördern, deren Einsatz oft auf dem althergebrachten Wissen beruht, das zahlreiche Handwerker immer noch besitzen. Und das gibt Hoffnung für die Zukunft!

NATÜRLICHES WOHNEN

Lassen Sie Ihre Wände atmen

Obwohl man das Gegenteil annehmen könnte, isoliert man ein Haus nicht am besten durch eine hermetische Abdichtung. Eine ökologische Konstruktion besteht aus organischen Materialien, die atmen müssen, d. h., man muss die Zirkulation des Wasserdampfs zwischen Innen- und Außenbereich ermöglichen. Die Wärmedämmung darf diesem Austausch nicht entgegenwirken, andernfalls verursacht das Störungen und Belastungen.

Wählen Sie natürliche Dämmstoffe

Die Isolierung eines Hauses ergibt sich aus dem Gesamtkonzept: Es nützt gar nichts, perfekt isolierte Wände zu haben, wenn das Dach nicht gut gedämmt ist, usw. Bei einer Renovierung haben Sie die Gelegenheit, die Isolierung der Wände zu verbessern. Die Bauweisen und die meisten im Bauwesen verwendeten Materialien machen den Einsatz von Dämmstoffen unerlässlich. Dämmstoffe kann man auch von außen anbringen, allerdings ist die Umsetzung durch eine Verkleidung von innen für den Heimwerker einfacher.
Vermeiden Sie Dämmstoffe mit Aluminium oder Plastik, die das Mauerwerk nicht atmen lassen. Verwenden Sie dünne Dämmstoffe, wie Holzfaserplatten (erhältlich in Rollen, z. B. Granomural®) in 3 mm Stärke. Je nach Hersteller bringt dieses Material bis zu 8 % Heizkostenersparnis und einen Temperaturgewinn von 2 °C. Natürlich müssen diese dünnen Dämmstoffe auf trockenen und intakten Wänden angebracht werden.

Tatsächlich gibt es ein zunehmend größeres Angebot an natürlichen Dämmstoffen pflanzlichen, mineralischen oder tierischen Ursprungs. Die Wahl kann somit in Abhängigkeit von der Struktur des Hauses und der Art der geplanten Arbeiten erfolgen.
Beispielsweise wird Zellstoffwatte bei Renovierungsarbeiten empfohlen, denn sie bietet den Vorteil, dass man bis in die kleinsten Ecken kommt und so genannte Wärmebrücken verhindert. Im Gegensatz dazu sollte man bei einer bestehenden Mauer beispielsweise Hanfwolle zur Verschalung verwenden, indem man ein Gerüst aus Holz baut, das den Dämmstoff aufnimmt.

Ein Beispiel für eine ökologische Restaurierung: Die Decke im Obergeschoss besteht aus Hanfbeton.

Ein Zimmer in einem alten, renovierten Haus. Die Decke wurde abgebeizt und mit Leinöl behandelt. An die Mauer kam Putz, der anschließend teilweise wieder abgekratzt wurde, sodass einige Steine zum Vorschein kommen.

Verschalen und abtrennen

Durch eine Verschalung der Wände kann ihre Isolierung verbessert und gleichzeitig eine glatte Oberfläche geschaffen werden, die später als Untergrund für die Wandverkleidung dient. Das Prinzip einer Verschalung besteht darin, eine neue Wand auf eine Holzkonstruktion zu montieren, die an der bestehenden Wand angebracht wird, nachdem man einen Dämmstoff (als Rolle oder Platte) dazwischen eingefügt hat. Das geht einfach und schnell.
An Materialien stehen zur Auswahl: Holzfaserplatten, Gips-Zellulose-Platten, dekorative Holzbretter, eine Vertäfelung usw.

Die Verschalung mit Gips-Zellulose-Platten verbessert die Isolierung dieses nach Norden gerichteten Zimmers.

Gips-Zellulose-Platten

Gips-Zellulose-Platten sind in etwa das ökologische Pendant zu Gipskartonplatten vom Typ BA13 (also mit einer Dicke von 13 mm). Sie bestehen aus einer Mischung aus Gips und Zellulosefasern (aus recyceltem Papier), die zusammengepresst und bei sehr hoher Temperatur getrocknet wurde. Durch dieses Herstellungsverfahren erhält man Platten, die extrem steif und außergewöhnlich robust, wasserundurchlässig (also in feuchten Räumen verwendbar) und schalldämmend sind (eine Verbindung mit Holzfaserplatten ergibt ein bemerkenswertes Ergebnis). Sie können einfach als Trennwände oder Verschalung angebracht werden, aber auch an der Decke oder am Boden. Aber Vorsicht: Sie sind schwerer als klassische Holzbretter. Man kann sie dennoch ganz leicht mit einem Fuchsschwanz schneiden, schleifen, durchbohren und verschrauben. Das Anbringen erfolgt auf einer Metall- oder Holzkonstruktion, in die eine isolierende Verschalung eingefügt werden kann. Es gibt auch für Decken geeignete Elemente (sie sind mit 10 mm Holzwolle versehen).
Wenn die Platten dann an Ort und Stelle sind, können sie mit der gewünschten Verkleidung verdeckt werden: Farbe, Putz, Fliesen, Tapete usw. Eine Grundierung ist notwendig, bevor Farbe oder Putz aufgetragen werden, um die Absorption des Endanstrichs einzudämmen. Aber auch vor dem Anbringen von Tapeten ist eine Grundierung wichtig, damit Sie es später einmal leichter haben, wenn Sie diese wieder abreißen wollen.

In diesem neu eingerichteten Dachgeschoss dienen die Balken als Struktur für das Einfügen von Trennwänden. Dank der Schiebetür aus Holz wird Platz gewonnen.

OSB®-Platten

OSB®-Platten (*Oriented Strand Board*, also aus ausgerichteten Spänen) sind Mehrschichtplatten, die aus langen, dünnen und in verschiedene Richtungen weisenden Spänen bestehen, was dem Ganzen eine sehr hohe Stabilität verleiht. Sie sind in Qualitäten erhältlich, die mit Harz verleimt sind und kein Formaldehyd enthalten. Diese ökologischen und robusten Platten sind am praktischsten für eine schnelle Wandverschalung.

Übrigens: Vergessen Sie nicht, dass Sie auch eine Vertäfelung auf die Holzkonstruktion nageln können, wenn der natürliche Dämmstoff am richtigen Platz ist. Wählen Sie diesen Dämmstoff in Form von Platten oder Rollen, die einfacher anzubringen und zu befestigen sind. Hanf-, Holz- oder Schafwolle, Kork, Leinen, Platten aus Zellstoffwatte … inzwischen gibt es eine wirklich große Auswahl.

Holzfaserplatten

Holz ist ein perfektes Material: natürlich, gesund, warm, atmend, erneuerbar und energiesparend. Es wird beim ökologischen Bauen und bei der Raumgestaltung aufgrund seiner mechanischen Festigkeit, seiner wasserabweisenden Eigenschaften, seiner Stabilität und seiner Isolierfähigkeit (wärme- und schalldämmend) gern eingesetzt. Es lohnt sich also, sich für Holzfaserplatten zu interessieren, die man presst und mit Lignin verdichtet. Lignin ist eine natürliche Substanz, die schon im Holz vorhanden ist und ihm seine Steifheit verleiht. Diese Platten werden für das Unterdach, Böden und Trennwände, auch im Badezimmer verwendet – in letzterem Fall müssen Sie Platten einsetzen, bei denen die Fasern mit Naturlatex behandelt wurden. Wenn die Platten an Ort und Stelle sind, können Sie sie nach Wunsch verkleiden (Putz, Fliesen, Farbe usw.).

Triply®

Triply® ist ein Holzderivat wie OSB® und in Flachpressplatten in verschiedenen Größen und Stärken erhältlich. Die größten Vorzüge dieses Materials sind ökologischer Art: Es wird aus Bäumen mit kleinem Durchmesser und durch das Recycling von Holzresten aus Wäldern, die im Sinne einer nachhaltigen Entwicklung bewirtschaftet werden, hergestellt. Triply enthält keinerlei toxische Produkte und ist vollständig recycelbar. Außerdem zeichnen es seine technischen Eigenschaften, insbesondere seine mechanische Festigkeit und seine geringe Maßänderung, für das Bauwesen aus (tragende Decken – außer bei Brettern von geringer Stärke –, Trennwände, Dächer, Querverbindungen usw.), es ist aber auch für die Dekoration gut geeignet (Möbel, Regale). Triply gibt es auch in Form von gerillten Platten, passend für Decken, und in speziell für Feuchträume konzipierter Form.
Mit Triply arbeitet man wie mit Holz: sägen, bohren, schrauben, nageln, schleifen, sowohl bei den Seiten (oder Verblendungen) als auch bei den Kanten (oder Rändern), ohne Splitterrisiko. Man kann es auch streichen, färben, bleichen usw. Vor den endgültigen Oberflächenarbeiten muss ein Erstanstrich auf der Platte aufgetragen werden.

Triply® erzeugt interessante Materialeffekte.

Lehmbauplatten

- Lehmbauplatten werden hauptsächlich zur Verschalung von Mauern und Wänden verwendet, aber auch für Decken und unter Giebeln.

- Sie bestehen aus natürlichen Materialien und sind durch pflanzliche Fasern verstärkt, die über einen exzellenten Schallabsorptionsgrad verfügen. Ebenso ist eine hohe Feuerfestigkeit erreichbar.

- Aufgrund ihrer Maße (150 x 62,5 cm, in 20 oder 25 mm Stärke) sind sie sehr handlich. Sie werden auch auf einer speziellen Konstruktion (aus Holz oder Metall) angebracht oder auf flachen Oberflächen verklebt.

BÖDEN: WÄRME UND NATÜRLICHKEIT

Innenböden: Bestandsaufnahme

Ein Bodenbelag muss in erster Linie praktisch und an den Raum, dessen Größe, Nutzung und an die Bedürfnisse der Benutzer angepasst sein. Er ist auch Hauptbestandteil bei der Dekoration und bringt Möbel wie auch Wandverkleidungen zur Geltung.
Zahlreiche Bodenbeläge (PVC als Rollen oder Fliesen, Laminat, Mehrschichtparkette usw.) sind eine ernstzunehmende Quelle für die Luftverschmutzung im Innenbereich: Ausstoß von Formaldehyd (krebserregend und reizerzeugend), von VOC (flüchtigen oganischen Verbindungen), Toluol (neurotoxisch), Terpenen (allergieauslösend) usw. Dies macht manchmal die Benutzung des Raums unmittelbar nach dem Verlegen sogar unmöglich. Erst nach einem Monat geht die Konzentration von Schadstoffen auf ein akzeptables Niveau zurück.

Über Teppich kann man viel sagen. Entledigen Sie sich dieses synthetischen Bodenbelags, der ein wahres Nest für Milben ist! Bedingungslose Teppichfans können sich für einen ökologischen Teppich aus Wolle und Ziegenhaar, eine der robustesten Fasern, entscheiden. Aber an anderen natürlichen Bodenbelägen mangelt es nicht: Sie sind gesundheitsfreundlich, pflegeleicht, und im Vergleich zu klassischen Produkten benötigt man kein größeres Budget. Verwenden wir also lieber Materialien wie Holz (Parkett aus Eiche, Buche, Ahorn, Kiefer, mit Leinöl und Bienenwachs behandelter Bambus usw.), Naturfasern (Kokos, Sisal, Schilf), Kork, Linoleum und Naturkautschuk, Fliesen aus Keramik, Sandstein oder Terrakotta, Naturstein (Kalk, Sandstein, Schiefer, Marmor, Granit, Gneis) usw.

Mit Naturstein (hier ungleichmäßig verlegter Schiefer, *opus incertum* genannt) erhalten Sie einen gesundheitsfreundlichen und pflegeleichten Boden.

Altwarenhändler

- Diese Profis helfen Ihnen bei der Suche nach alten und gebrauchten Materialien – traditionelle Mauersteine aus Terrakotta, Kamine, Eichenparkett, Holzbalken, Türgriffe –, bzw. ganz allgemein bei der Suche nach Architekturelementen und anderen Materialien aus alten Gebäuden.

- Diese Materialien werden in Lagerhallen aufbewahrt – und erwarten Sie!

Terrakotta ist ein erstklassiges ökologisches Material. Wenn die alten Steine gereinigt und renoviert sind, verleihen sie Ihrem Haus einen unvergleichlichen Charakter.

Parkett aus Massivholz

Parkett bietet den Charme und die Wärme von Holz und passt sich jedem Dekorationsstil an. Es ist leicht zu verlegen und zu pflegen. Es kann schwimmend (ohne Kleber), verklebt (einige Holzarten eignen sich sogar für Fußbodenheizung) oder genagelt verlegt werden.
Vermeiden Sie tropische Hölzer, für die wir Regenwälder opfern müssen. Entscheiden Sie sich lieber für einheimische Holzarten (Fichte, Lärche, Eiche, Buche, Föhre) und für Klebstoffe ohne Formaldehyd oder Lösungsmittel. Das Parkett kann mit natürlichen Produkten (Pflanzenölen und Hartwachs) vorbeugend zum Schutz vor Flecken behandelt werden. Auch Bambus wird für Böden verwendet, aber ein regionales Produkt ist diese Pflanze nicht.
Wird das Parkett in oberen Stockwerken verlegt, garantieren eine Unterschicht aus Kork oder Filz oder Tonstücke, die zwischen die Balken gelegt werden, eine gute Schalldämmung. Diese einfach zu verlegende Alternative ist besonders im Dachgeschoss interessant.

▶ Helle Holzarten (Akazie, Bambus, Birke, helle Eiche, Ahorn usw.) passen zum modernen Look.

Schutzbehandlungen

Holz ist das ökologische Material schlechthin, was dem Parkett einen großen Vorteil gegenüber anderen Bodenbelägen verschafft. Achten Sie aber darauf, es nicht durch schädliche Schutz- oder Pflegemittel zu beeinträchtigen. Imprägnieren Sie es am besten mit pflanzlichem Öl (kann auch für Holztreppen verwendet werden). Am häufigsten werden Leinöl oder Hartöl (Mischungen aus Lein- und Holzölen) eingesetzt, die im Fachhandel erhältlich sind. Diese Behandlung schützt das Holz vor Feuchtigkeit und Pilzen. Anschließend beschränkt sich die Pflege darauf, dass Sie zweimal pro Jahr eine Schicht Naturwachs auftragen. Für die übrige Zeit genügt ein feuchter Wischlappen.

Parkett aus Massivholz eignet sich auch für die Küche. Entscheiden Sie sich in diesem Fall für Eiche, Akazie, Buche oder dunkle Kastanie.

In diesem Badezimmer ist Holz allgegenwärtig. Neben dem Parkett dienen aufbereitete Holzbretter als Türen des Unterschranks und zur Umrandung der Badewanne.

Parkett im Badezimmer?

Holz fürchtet in erster Linie Feuchtigkeit, die zur Schimmelbildung führt sowie einen guten Nährboden für holzzerstörende Insekten bietet. Lange Zeit blieb dem Parkett deshalb in den meisten Fällen der Einzug ins Badezimmer verwehrt.

Vor einigen Jahren entdeckte man jedoch eine Hochtemperatur-Behandlungsart, dank der man so genanntes retifiziertes Holz (oder auch ThermoWood) erhält, das völlig unverrottbar ist. Ein anderes Verfahren kombiniert Hochtemperatur wie im vorhergehenden Fall mit dem Schutz durch ein pflanzliches Öl.

Die Wärmebehandlung wird angewendet für Eiche, Esche, Strandkiefer und Buche, also für Holzarten, die Sie dann auch im Badezimmer verwenden können.

Es ist jedoch auch möglich, in dieses Zimmer andere Massivhölzer zu integrieren, denen Feuchtigkeit und starke Schwankungen in der Luftfeuchtigkeit nichts ausmachen. Es sind dies eigentlich fast die gleichen wie für die Küche: Akazie, Kastanie usw. Es ist empfehlenswert, sie eher verklebt (und nicht schwimmend) zu verlegen und auch hier das Parkett einer Vorbehandlung mit Hartöl zu unterziehen.

Fliesen und Naturstein

Handgefertigte Terrakottafliesen (Kacheln und Steinfliesen), die aus Ton in verschiedenen Farben hergestellt werden, sind sicherlich die schönsten unter den Naturfliesen, denn sie haben nicht die Farbe und das gleichmäßige Aussehen von industriellem Terrakotta, der in Serienproduktion hergestellt wird. Sie sind jedoch sehr porös. Gleich, in welchem Raum sie verlegt werden sollen: Man sollte sie vorsichtshalber schützen, indem man sie mit Hartöl imprägniert und abschließend eine Schicht gehärtetes Harzwachs aufträgt. Unter diesen Bedingungen kann man sie sogar für den Boden im Badezimmer verwenden. Diese Bodenart ist sehr pflegeleicht; es genügt, regelmäßig mit einem feuchten Tuch darüberzuwischen.

Steinzeug besteht aus einer Mischung von Ton- und Kieselerde, die auf verschiedene Arten behandelt wurde (gepresst, gestreckt, emailliert),was die Qualität, die Haltbarkeit und die Beständigkeit des Materials bestimmt. Bei Steinzeug für den Boden unterscheidet man mehrere Kategorien: Steinzeug, das am beständigsten gegen Stöße, chemische Stoffe und Abnutzung ist; Feinsteinzeug, das vor dem Härten mit einer Emailleschicht überzogen wurde, wodurch es eine gute Imprägnierung erhält; Steinzeug aus Lehm und Silizium, das wasserundurchlässig ist.

Die ökologische Renovierung von Steinböden

- Reinigen Sie zunächst den Boden, indem Sie ihn mit Schmierseife und Stahlwolle abreiben.
- Bereiten Sie anschließend eine Mischung aus einem Teil Leinöl und zwei Teilen Terpentinöl vor und erhitzen Sie diese bei einer Temperatur von etwa 50 °C.
- Tragen Sie diese Mischung mit einem Pinsel auf die Steine auf.
- Polieren Sie nach ein paar Tagen mit Flüssigwachs nach (je nach Zustand zwei oder drei Anwendungen).

Terrakotta-Fliesen wurden hier auf einer Hanfbetonplatte verlegt, die Wände im Wohnzimmer und in der Küche haben einen Hanf-Kalk-Putz erhalten.

Pflanzenfasern

Bodenbeläge aus Pflanzenfasern sind gesundheitsfreundlich, attraktiv und passen immer und überall. Je nach Webart gibt es Schilf in verschiedenen Mustern (gerade, geflochten oder im Zickzack). Ein Schilfboden ist wasserundurchlässig und muss regelmäßig befeuchtet werden, damit er seinen Glanz und seine Elastizität bewahrt. Es reicht aber, wenn Sie ihn einmal pro Monat feucht wischen. Schilfboden ist mit einer Latexschicht in gerollter Form erhältlich, was ein verklebtes Verlegen ermöglicht. Sisal ist robuster als Schilf, aber auch fleckenanfälliger.

Kokosboden wird aus der Schale der gleichnamigen Frucht hergestellt. Kokos ist ziemlich fleckenanfällig, und es ist fast unmöglich, diese wieder zu entfernen, denn Kokos absorbiert sehr stark. Im Gegenzug ist dieser Belag sehr robust, fault nicht und ist antibakteriell.

Seit Kurzem bietet sich auch Bambus für natürliche Bodenbeläge an, die aussehen wie Holz, aber wie Teppich verlegt werden. Die Bambusrollen oder -fliesen haben eine Unterschicht aus Jute oder Latex, die das Verlegen erleichtert.

Kork ist ein natürlicher Bodenbelag, der in allen Zimmern verlegt werden kann, einschließlich Bad und Küche, denn er fault nicht. Er kann wie Parkett geölt und gewachst werden, was die spätere Pflege vereinfacht. Gepresst und mit einem natürlichen Kleber verdichtet, sind Korkfliesen ein sehr guter Bodenbelag, der robust und pflegeleicht ist (kann einfach gewischt werden). Nach dem Verlegen imprägnieren Sie ihn mit drei bis fünf Schichten Hartöl, über die Sie noch zwei Schichten Wachsöl oder Harzöl geben.

Linoleum

- Im Gegensatz zur vorherrschenden Meinung ist Linoleum ein natürlicher Belag mit antibakteriellen, antiallergischen und antistatischen Eigenschaften.
- Linoleum wird auf der Basis von Leinöl, Naturharzen, Holz- und Korkmehl hergestellt und auf Jutestoff geklebt. Dieses solide, sehr beständige und pflegeleichte Material wird am besten auf möglichst ebenem Estrich verklebt.
- Es gibt eine riesige Auswahl an Mustern und Farben. Gereinigt wird der Boden mit Wasser und natürlicher Seife.

Sisal und Schilf sind gesundheitsfreundlich, ästhetisch und robust. Sie sind wasserundurchlässig und somit für das Bad geeignet.

WÄNDE: DEKORATIVE OBERFLÄCHEN

Ein gut vorbereiteter Untergrund

Eine Wandbearbeitung kann nicht gelingen, wenn der Untergrund nicht sorgfältig und angemessen vorbereitet wurde. Man muss sich die Zeit nehmen, Risse und Löcher auszubessern, um eine ganz glatte Oberfläche zu bekommen, bevor man Farbe oder Putz auftragen kann (kleine Ungenauigkeiten können toleriert werden, wenn sie später mit Tapete, Kork oder einem anderen Belag überdeckt werden).
Diese Vorbereitung dient jedoch nicht allein dazu, die Ästhetik zu pflegen: Sie soll vor allem garantieren, dass die neue Oberfläche auch gut hält. Wenn beispielsweise Gips auf die Wand kommt, muss man sich davon überzeugen, dass er gut auf dem Untergrund haftet. Ansonsten bietet es sich an, den Untergrund einzustechen und anschließend, falls nötig, neu zu verputzen. Das ist keine verlorene Zeit, im Gegenteil! Ebenso müssen große Risse geöffnet werden, um alles zu entfernen, was bröckelt, bevor Sie sie mit Spachtelmasse oder Gips wieder verschließen. Allgemein gesagt muss alles entfernt werden, was nicht gut an der Wand hält, um eine stabile und glatte Oberfläche zu erhalten.

Eine angemessene Vorbereitung

Wenn Sie Tapete durch Farbe oder Putz ersetzen möchten, müssen Sie die alte Tapete abreißen, damit Sie den Untergrund vorbereiten können. Im Gegenzug kann eine bereits gestrichene Wand gut als Untergrund dienen, sofern die Farbe nicht abblättert.
Bei der Vorbereitung beginnen Sie damit, die Wand abzulaugen, um das Fett zu entfernen, durch das ein Anstrich (Farbe, Tünche usw.) oder Tapetenkleister nicht gut haften würde. Anschließend waschen Sie mit klarem Wasser nach und rauen die Wand nach dem Trocknen mit grobkörnigem Sandpapier auf. Entstauben Sie sie anschließend sorgfältig.
Wenn noch widerspenstige Flecken verbleiben (Ruß, Rost, Nikotin usw.), verwenden Sie als Unterschicht speziellen Schellack, der einen undurchsichtigen Untergrund schafft. Ansonsten tragen Sie eine Grundierung wie im folgenden Abschnitt beschrieben auf. Anschließend können Sie die Deckschicht auftragen (Farbe, Kalktünche, Lasur, Stucco usw.).
In jedem Fall muss die Vorbereitung der Wand ihrem Zustand und der Deckschicht angemessen sein. In der Regel sollte der Untergrund trocken, fettfrei, sauber, stabil und wenig saugfähig sein.

Vor dem Verputzen muss unbedingt alles entfernt werden, was nicht gut an der Wand haftet, damit Sie einen tragfähigen und glatten Untergrund erhalten.

Farbe erfordert einen gut vorbereiteten Untergrund, vor allem dann, wenn vorher Tapete an den Wänden war.

Eine Grundierung auf den Wänden (aus Gips, Stein, Backstein, Beton usw.) ist unterlässlich, egal welche Gestaltung Sie geplant haben.

Die Grundierung

Dieser Schritt bei der Vorbereitung der Wände besteht darin, einen staubenden oder bröckeligen Untergrund (Stein, Lehm) zu befeuchten, um die Aufnahme des Wassers zu begrenzen, das in Gips, Tünche, Lasur oder anderem Material enthalten ist. Ohne diese Vorsichtsmaßnahme besteht das Risiko, dass sich der Untergrund ablöst, und auch die Farbe des Endanstrichs könnte spürbar verändert sein.
Auf einen Untergrund aus Stein trägt man also eine farbige oder farblose Grundierung mit Silikat auf. Bei einem Untergrund aus Gips, der ebenfalls sehr saugfähig ist, kann diese Grundierung aus weißer Wandfarbe bestehen, die zu 30 % mit Wasser verdünnt wurde, oder einer Unterschicht aus farblosem Silikat. Diese ist im Handel erhältlich und wird auf der Basis von mineralisiertem Wasser und Kaliumsilikat hergestellt. Sie dient als Grundierung zur Fixierung von instabilen Untergründen.
Um Zeit zu gewinnen und möglichst wenige Nachteile zu haben, führen Sie die Arbeiten zur Vorbereitung der Wände in einem Zimmer auf einmal durch, bevor Sie mit der Gestaltung beginnen.

Kleine Mängel korrigieren

▶ Um kleine Risse und leichte Mängel auszubessern und vor dem Auftragen einer Grundierung bringen Sie eine Schicht aus Spachtelmasse an. Sie ist in einer Stunde trocken, kann aber erst am nächsten Tag abgeschliffen werden. Schleifen Sie den Untergrund mit Sandpapier, entstauben Sie ihn und wischen Sie ihn ab, bevor Sie zu den nächsten Schritten übergehen.

▶ Man kann auch Zellstofffaserrollen anbringen, um die Wände vor Rissen zu schützen.

▶ Flüssigtapete aus Textilfasern kann auch gut kleine Mängel an einer Mauer kaschieren, die man streichen möchte.

SO LÖSEN SIE FEUCHTIGKEITSPROBLEME

Feuchtigkeit ist ein Problem, auf das man häufig trifft. Sie entsteht durch Kondensation, Wasserschäden, Sickerung oder Kapillarität und zerstört nicht nur langsam, aber sicher die Wandverkleidung, sondern auch das Mauerwerk darunter. Sie müssen dieses Problem unbedingt lösen, bevor Sie mit den Dekorationsarbeiten beginnen. Mörtelputz oder Betonfliesen wurden lange als dichte Oberfläche angesehen. Doch tatsächlich drücken sie die Feuchtigkeit nur in die Wände oder in das daneben liegende Mauerwerk hinein, was diese langsam zerstört! Bei einer ökologischen Raumgestaltung wird darauf geachtet, dass das Mauerwerk atmen kann, indem man Materialien verwendet, die den Ablauf des Wassers begünstigen.

Ein einfallsreiches Belüftungssystem mit Holzlatten.

Die Steine dieser Wand wurden mit Kalkmörtel verfugt, um Feuchtigkeitsproblemen vorzubeugen, die in Kellerräumen meist verstärkt auftreten.

So bevorzugt man Betonfliesen, bei denen man den Zement durch natürlichen Kalk ersetzt, der das Mauerwerk atmen lässt. Dieses Material nennt man auch Kalkbeton. Doch das entbindet uns bei einer Renovierung nicht von der Aufgabe, die Feuchtigkeit von Grund auf zu behandeln, was im Extremfall dazu führen kann, dass Sie rund um das Haus ein Drainagesystem verlegen müssen. Denken Sie auch daran, die Belüftung der Räume zu verbessern, einschließlich des Kellers: Diese Vorsichtsmaßnahme löst zum Teil die Folgen der Feuchtigkeit – in jedem Fall aber hilft sie Ihnen bei der Sanierung des Hauses und im Kampf gegen Milben.

Dekorativer Putz und seine Unterarten

Dekorativer Putz mit Kalk, Tünche, Stuck oder Tadelakt hat eine jahrhundertelange Tradition. Er ist sowohl gesundheitsfreundlich als auch zweckmäßig und ästhetisch, schützt die Mauer und lässt sie gleichzeitig atmen. Somit eignet sich ein solcher Putz für alle Räume. Die Durchführung der Arbeiten verlangt ein gewisses Können, das nur ausgewählte Handwerker besitzen – man müsste sie sogar eher als Künstler bezeichnen. Kalkstein ist der Rohstoff für die verschiedenen Dekorationstechniken. Nach einer Vorbehandlung auf Pulverform reduziert, wird er mit Wasser vermischt und anschließend als Putz verwendet. Je nach gewünschtem Effekt werden Marmor- und Sandpuder hinzugefügt sowie eventuell Pigmente, wenn man es lieber farbig mag. Bei allen Dekotechniken mit Kalk können Sie nachträglich retuschieren, ohne dass man es sieht, ganz im Gegensatz beispielsweise zu Farbanstrichen.

Kalk-Sand-Putz

▶ Neben seinem ästhetischen Aspekt stellt Kalkputz eine gute Barriere gegen Feuchtigkeit und Schimmel dar.

▶ Durch das Hinzufügen von Sand kann man den Farbton nuancieren. Dies hängt von der Menge und der Art des verwendeten Sandes ab, der auch regionale Unterschiede aufweist. Aber Vorsicht: Bei zu viel Sand wird der Putz bröckelig!

▶ Abschließend kann der Putz eingefärbt und gewachst (Bienenwachs) oder mit Tünche überzogen werden (drei Schichten).

▶ Das Hinzufügen von Hanf zu Kalkputz verleiht eine gute Isolierkraft. Für eine erste Haftschicht (oder Unterputz) mischen Sie einen Teil Kalk mit zwei Teilen Sand. Tragen Sie dann erst zwei Schichten Kalkputz auf, ohne ihn zu glätten, damit er seine Aufgabe erfüllen kann. Diese zweite Schicht ist auf besonders rauen Untergründen nur eine mögliche Option.

▲ Auf diesen gemauerten Treppenaufgang wurde Kalk-Hanf-Putz aufgebracht.

► Die dekorativen Motive um dieses Fenster herum entstanden durch die Überlagerung von mehreren Schichten aus Kalk-Sand-Putz.

Kalkputz

Kalkputz ist ein Deckputz, den man glätten oder strukturieren, aber auch als Unterlage für Stucco verwenden kann (siehe Seite 42). Tragen Sie auf porösen Untergründen vorsichtshalber eine Unterschicht auf, damit das Wasser des Putzes nicht vom Mauerwerk aufgesogen wird. Für diese Unterschicht können Sie Kalk und grobkörniges Marmorpulver vermischen. Der Putz selbst wird in zwei Schichten aufgetragen, die zusammengerechnet maximal 5 mm stark sein sollten. Die zweite Schicht kann anschließend geglättet oder zu dem gewünschten Motiv bearbeitet werden.

Diesen Putz stellt man aus Sumpfkalk (Fettkalk) her, den man weiß oder bereits eingefärbt in Eimern kauft. Man kann auch mit separat im Handel erhältlichen Pigmenten seine eigenen Farben herstellen. Sie können dieses Produkt flüssiger machen, indem Sie Wasser hinzufügen, oder es mit Marmorpuder andicken, um Stucco herzustellen. Einige im Handel erhältliche Präparate werden von vornherein mit Marmorpuder, Talk und Leinöl vermischt. Gut zu wissen: Pigmentierter Kalkputz erreicht seine Sättigung bei 5 bis 10 %. Um eine kräftige Farbe zu erhalten, erhöhen Sie den Wasseranteil (man spricht dann von Kalkmilch).

Kalk-Sand-Putz, sichtbare Holzbalken, eine Wandvertäfelung und ein Baumwollsegel: eine gesundheitsfreundliche und stimmungsvolle Renovierung.

Die physischen Eigenschaften von Luftkalk machen ihn zu einem äußerst beliebten Material für die Wandgestaltung verschiedenster Räume.

Der Kalkanstrich

Ein Kalkanstrich kann in allen Zimmern verwendet werden, auch in der Küche und im Bad. In diesen beiden Räumen muss er mit pflanzlichem Wachs behandelt sein, damit man ihn abwaschen kann. Aber Achtung: Wachs schränkt teilweise die Porosität und somit die Atmungsaktivität von Kalk ein! Beachten Sie, dass dies auch Kalkputz betreffen kann.

Im Rohzustand schützt Kalkfarbe vor Feuchtigkeit, denn sie begünstigt das Abziehen von Wasserdampf und hat eine desinfizierende Wirkung.

Für einen Anstrich verwendet man Luftkalk als Paste, die mit Wasser verdünnt wird und der man ein Bindemittel für Lasuren, Marmormehl, Talk usw. hinzufügt. Mit Hilfe von Pigmenten kann Luftkalk gefärbt werden. Befeuchten Sie vorsichtshalber poröse Untergründe, damit er gut aufgetragen werden kann. Tragen Sie im Abstand von 24 Stunden zwei Schichten auf.

In der Küche müssen die Wände abwaschbar sein. Der Anstrich sollte am besten gewachst sein (etwa mit pflanzlichem Carnaubawachs).

Putz aus Erdmörtel

Was kann man nicht alles mit Erde und Sand machen! Putz aus Erdmörtel (dem man losen Hanf hinzufügen kann) kann beispielsweise Lehmwände verkleiden. Er wird aus Erde hergestellt, natürlich ordentlich befreit von Wurzeln und sämtlichen pflanzlichen Abfällen. Zunächst dient die Erde dazu, eine Art dicken Schlamm (vermischt mit Wasser) zu bilden, den man Schlicker nennt und der anschließend mit Sand vermischt wird, um besser auf dem Untergrund zu haften. Die Dosiermenge des Sandes variiert je nach Bodenart. Rechnen Sie beispielsweise drei Teile Sand und einen Teil Schlicker, wenn die Erde tonhaltig ist. Achtung: Der Schlicker muss perfekt durchgesiebt werden, bevor Sie den Sand hinzufügen. Am besten macht man einige Versuche, bei denen man die Dosierungen variiert, um zu beobachten, wie sich der Putz nach dem Trocknen auf der Wand hält. Dementsprechend verändern Sie die Zusammensetzung: Ist die Mischung zu tonhaltig, reißt der Putz; ist sie zu sandig, dann bröckelt er. Die Farbe des Putzes verändert sich auch je nach der Qualität des Sandes. Wenn Sie das richtige Mischungsverhältnis gefunden haben, bereiten Sie den Putz am Abend, bevor Sie ihn verwenden wollen, zu. Tragen Sie ihn mit einem Reibebrett (oder einer Glättkelle) auf und beginnen Sie oben an der Wand. Das Glätten des Putzes verlangt eine gewisse Geschicklichkeit, aber das Ergebnis ist es wert. Mit Putz aus Erde kann man zahlreiche Dekore kreieren, etwa indem man Ton mit der Erde mischt, um den Farbton zu nuancieren.
Stucco oder Tonfarben (siehe Seite 54) können auch auf Putz aus Erde (oder Kalk) aufgetragen werden. Ihre matte und seidige Optik ist sehr beliebt.

Stucco

Der Name erinnert uns daran, dass er durch die italienische Renaissance verbreitet wurde, und unterscheidet ihn vom Stuck, bei dem Gips (und nicht Kalk) als Bindemittel verwendet wird. Stucco ist ein Putz aus einer Mischung aus Kalk, Marmorpuder, Sand und Pigmenten. Er ergibt sehr hübsche Dekore sowohl für Wände als auch für Decken, strukturiert oder einfarbig. Stucco ist haltbar und beständig, aber in einem Badezimmer ist es besser, wenn Sie ihn wachsen, auch wenn das den Kalk am Atmen hindert.

Ein luftiger Schwammeffekt

Marmorino, eine Art von Stucco, ist ein Putz auf der Basis von Fettkalk, Marmorpuder und Pigmenten (Oxid und Ocker).

Die Dusche und die Umrandung der angrenzenden Badewanne sind ganz aus Tadelakt gefertigt. Die Steinmauer wurde mit Kalk-Sand-Mörtel verfugt, der sehr feuchtigkeitsbeständig ist.

▲ **Tadelakt ist extrem feuchtigkeitsbeständig und somit ein ideales Material für Badezimmer. Er fühlt sich angenehm an und passt sich allen Formen an, auch feinen Rundungen.**

Tadelakt

Mediterraner Tadelakt ist derzeit stark in Mode. Es ist ein glänzender Kalkputz, der dank seiner wasserabweisenden Eigenschaften (früher wurde er hauptsächlich in Hamams eingesetzt) seinen großen Auftritt in Badezimmern hat.

Das Aufbringen eines Tadelaktbelages ist relativ komplex und verlangt eine sorgfältige Vorbereitung des Untergrunds: einen Grundierungsputz auf der Basis von Kalk und Marmorpulver für offene Untergründe (Lehm, Backsteine, Blocksteine, Steine) oder einen Grundanstrich mit Acrylfarbe, Fixierer oder Acryl-Fliesenkleber für versiegelte Untergründe (Farbanstrich, Gips, Zement). In jedem Fall befeuchten Sie den Untergrund vor der Umsetzung ausreichend. Tadelakt ist schwierig, aber Übung macht den Meister – oder Sie vertrauen die Bearbeitung von vornherein einem Profi an.

▼ **und ►► Die Badewanne und das Waschbecken sind aus Tadelakt; auf der Schlafzimmerseite hat die Mauer einen gewachsten Kalkputz erhalten.**

Natürliche Farben, hochwertig und schön

Ein Wandanstrich bringt Farbe in das Zimmer und verändert damit unser Raumgefühl. Man kann endlos mit den Produkten spielen und dank der zahllosen Pigmente Material- und Transparenzeffekte erzielen, die jedem die Möglichkeit geben, seine Farbtöne individuell auszusuchen.

Treffen Sie die richtige Wahl

Die Wahl der Farbe ist wichtiger, als man allgemein annimmt. Zahlreiche Studien haben die umweltschädlichen und ungesunden (ja, sogar gefährlichen) Eigenschaften von synthetischen Farben (Glycerinphtalat oder Acryl) bewiesen, Derivaten der chemischen oder der Mineralölindustrie – ganz zu schweigen von bleihaltigen Farben, deren Verbreitung in der EU aber seit 1989 stark eingeschränkt ist.

Kunstharze, die bei Vinyl- oder Acrylfarben, Ölfarben oder Polyurethanlacken als Bindemittel dienen, enthalten gesundheitsschädliche Elemente wie Vinylchlorid oder Polyurethan. Wasserfarben enthalten Glykolether mit hämatotoxischen Wirkungen. Und sprechen wir gar nicht erst von Farben, die „geruchlos", „schnell trocknend" oder „fungizid" sind oder einen – zumeist wenig wirksamen – „Anti-Milben-Schutz" besitzen, denn genau diese Eigenschaften verdanken sie chemischen Zusatzstoffen! Außerdem sind auch die Lösungsmittel, die man in Ölfarben findet, wie Toluol oder Styrol, gesundheitsschädlich. Sie verursachen Kopfschmerzen und Hautirritationen, und das bis zu mehreren Wochen nach der Anwendung!

◄ Die Eigenschaften einer Wandfarbe haben direkten Einfluss auf unsere Gesundheit.

► Die Bezeichnung „natürliche" oder „biologische Farbe" sollte für Produkte gelten, die keinerlei Derivate von Mineralölerzeugnissen enthalten. Achten Sie auf Bezeichnungen auf den Etiketten, die manchmal irreführend sind.

Bei diesem Badezimmer stehen Wellness und Gesundheit ganz im Vordergrund: ein ökologischer Anstrich, Fayencefliesen und Rattankörbe für ein praktisches und schnelles Verstauen.

Wenn Farbe mit Natur einhergeht

Der Bund für Umwelt und Naturschutz Deutschland (BUND) vergibt regelmäßig das Umweltsiegel „Blauer Engel". Mit einem solchen Siegel gekennzeichnete Farben werden beispielsweise aus Bienenwachs, hochwertigen Ölen, Essenzen von Zitrusfruchtschalen, Lavendel, Rosmarin, Kreide und Farbpigmenten hergestellt. Außerdem sind sie wasserlöslich (Verdünner mit Zitrusfruchtessenzen), was ihre Anwendung leichter und angenehmer macht.

Natürliche Farben haben viele Vorteile: Sie sind weder umweltverschmutzend noch schädlich, basieren auf pflanzlichen Harzen, werden aus Rohstoffen hergestellt, die keine Treibhausgase freisetzen, haben einen angenehmen Geruch, sind mikroporös (sie lassen die Wand atmen, denn sie bilden keinen für Wasserdampf undurchlässigen Film), gut deckend, trocknen innerhalb weniger Stunden, sind abwaschbar usw. Sie können auf allen Innenflächen verwendet werden, die gut gereinigt und fettfrei sind, und mit einer Rolle, einem Pinsel oder einer Farbspritzpistole aufgetragen werden. Zu 30 % verdünnt (mit Wasser) können sie auch als Grundierung auf porösen Untergründen dienen.

Bevorzugen Sie Farben auf der Basis von Bindemitteln (Kolophonium, pflanzliche Öle oder Holz wie Teak, Silikat, Kasein, Borax usw.) und Pigmenten (Ocker, Ultramarin usw.) natürlichen Ursprungs, die das Trocknen beschleunigen, die Umwelt nicht belasten und nicht gesundheitsschädlich sind. Einige Farben enthalten auch Borsalz, Insektizide und Fungizide.

Achtung: Einige angeblich natürliche Farben enthalten Lösungsmittel, so genannte Mineralessenzen, das heißt chemische Produkte (Isoparaffin, Isoaliphat, Mineralessenzen aus der Erdölindustrie usw.). Genauso handelt es sich bei den in einigen Farben enthaltenen Alkyden um synthetische Harze auf Polyesterbasis. Hüten Sie sich vor der Bezeichnung „auf der Basis von", auch wenn danach „Soja" oder „Leinöl" steht.

Dank des Anstrichs konnten die Mauersteine erhalten werden, die so zum Schlüsselelement bei der Gestaltung dieser Büroecke wurden.

Ein paar Tipps, bevor Sie mit dem Streichen beginnen

- Der beste Untergrund für eine Farbe ist ein Gipsputz, auf den Sie eine Grundierung auftragen (siehe Seite 34), um die Haftung zu verbessern, die Absorption zu beschränken (es gibt vorgrundierte Gipsplatten) und einen gleichmäßigen Anstrich zu erhalten.
- Die Farbe kann auch auf eine bereits gestrichene und gut erhaltene Wand aufgetragen werden (das Abwaschen bleibt unerlässlich), die Sie mit Sandpapier aufrauen.
- Achtung: Wenn der bestehende Farbton dunkel ist, kann er die Endfarbe verändern.
- In diesem Fall wird empfohlen, den Untergrund zu neutralisieren, indem man eine helle Unterschicht aufträgt.

Kalk-Kasein-Farben

Dieses Produkt auf der Basis von Kasein, Kalk, Kreide, Lehm, Zellulose, Talk usw. wird aufgrund seiner Anti-Milben-Eigenschaften empfohlen. Es ist weiß, samtig-matt, mikroporös und kann auch als Grundierung verwendet werden, wenn Sie es zu 30 % verdünnen. Kalk-Kasein-Farben sind erhältlich als Pulver, das man mit Wasser mischt, bis man eine relativ flüssige Creme erhält. Man kann sie leicht mit Pigmenten färben: Wenn Sie die Farbe an einer unauffälligen Stelle probieren, bevor Sie sich an die ganze Wand wagen, warten Sie das Ende der Trocknungszeit ab, um den Farbton gut zu erkennen. Mit einem Föhn sparen Sie Zeit, denn es kann einen oder zwei Tage dauern, bis die Farbe endgültig getrocknet ist. Sie können auch eine spezielle Mischung hinzufügen, die dem Untergrund (Wand oder Decke) ein leicht körniges Aussehen verleiht.

Natürliche Farbpigmente

Die verschiedenen Farbtypen, Putz, Zement, Lasuren, Lacke, Wachse, Öle und Kalkanstriche können mit Hilfe von natürlichen Pigmenten mineralischen oder pflanzlichen Ursprungs gefärbt werden, mit denen man die unterschiedlichsten Farbtöne erhalten kann: Weiß, Ultramarin, Schwarz, Ockergelb, Ockerrot usw.

Das Interessante daran ist, wirklich exakt den Farbton zu bekommen, den man sich wünscht, was nicht unbedingt bei Farben der Fall ist, die man schon fertig abgetönt kauft. Diese Pigmente sind als Pulver oder als Paste erhältlich.

Zu den für die Herstellung von Farbpigmenten verwendeten Bodenarten zählt seit Jahrtausenden bereits Ocker, ein Gemisch aus Brauneisenstein mit Tonmineralen, Quarz und Kalk. Ocker bietet zahlreiche sehr stabile Farbtöne, die ins Braun, Rot, Gelb oder Orange gehen. Man verwendet auch Schwarzerde und Siena-Erde (die aus der Toskana stammt), welche die gleichen Eigenschaften wie Ockererde aufweisen. Auch grüner Lehm wird gern eingesetzt.

Metalloxide (Eisen, Aluminium usw.) ergeben intensivere Farbtöne. Auf die „schwarze Liste“ hingegen kommen Pigmente, die Schwermetalle enthalten (Chrom, Kadmium, Quecksilber oder Blei).

Aufgrund ihrer milbenfeindlichen Eigenschaften ist Kalk-Kasein-Farbe für Schlafzimmerwände sehr beliebt.

◄ **Die Gestaltung dieser Lasur mit der Bürste (Wischtechnik) erfordert einen sauberen und glatten Untergrund. Die Anwendung muss an der Decke beginnend erfolgen, denn so können Sie herunterlaufende Farbe wieder auffangen.**

Weitere Wandgestaltungen

► Sowohl zum Schutz der Umwelt als auch aus gesundlichen Gründen sollten Sie auf Verkleidungen aus Vinyltapeten verzichten, denn sie enthalten PVC (Polyvinylchlorid), von dem eine kürzlich durchgeführte Studie (erschienen im *American Journal of Epidemiology*) bewiesen hat, dass es Asthma fördern kann.

► Es gibt Tapeten, die weder Formaldehyd noch PVC noch Schwermetalle enthalten und sehr ansprechende Dekore sowie eine Vielfalt von Strukturen bieten. Bei den Herstellern finden Sie auch passenden Tapetenkleister.

► Ebenfalls empfehlenswert sind Wandbeläge, die aus natürlichen Fasern (pflanzlich, mineralisch oder tierisch) hergestellt werden, manchmal unter Beifügung von Zellulose oder Baumwolle. Sie sind erhältlich als Pulver, das zuerst mit Wasser vermischt und dann mit einem Reibebrett verteilt wird.

► Bei diesen ökologischen Produkten darf man auch die Textilien nicht vergessen (Jute- oder Leinenstoffe) und natürlich auch nicht Kork, der – gerollt oder als Fliesen – auch gut als Schalldämmung dienen kann. Er wird mit Naturlatex verklebt. Sie können ihn streichen, lackieren (mit Biolack) oder natürlich belassen, je nach Fall und nach Geschmack. Beachten Sie auch, dass sich Kork hervorragend für Badezimmer eignet.

Erdfarben

Diese aus feinem Lehm hergestellten Farben sind mikroporös, antistatisch und verbessern die Raumluft. Darüber hinaus sind sie auf einem trockenen, fettfreien und gleichmäßigen Untergrund leicht aufzutragen und decken gut (zu 30 % verdünnt können sie auf einem porösen Untergrund als Grundierung dienen). In der Regel werden zwei Schichten aufgetragen, eine einzelne Schicht ergibt einen interessanten Lasureffekt.

Lasuren

Mit Lasuren erzielen Sie schöne Ergebnisse auf matt oder seidig gestrichenen Gipswänden (mit Dispersions- oder Kalk-Kasein-Farbe) oder auf vorher eingeriebenem Holz. Es gibt gebrauchsfertige Präparate, die man mit Farbpigmenten mischen kann und denen man Wasser hinzufügt, bis man die gewünschte Konsistenz erhält. Ein kleiner Trick, damit Sie das Präparat länger verwenden können: Fügen Sie einfach 25 % fertigen Tapetenkleister hinzu.
Lasuren können auf verschiedene Weise aufgetragen werden. Durch das verwendete Hilfsmittel entsteht das Muster: Schwamm, Bürste, Kamm, Tuch, Kartons in verschiedenen Breiten, kleine Rollen usw. In diesem Bereich können Sie so kreativ sein, wie Sie möchten ... aber machen Sie zuerst einen Versuch!

Holz regiert das Haus

Unsere Übersicht über Wandgestaltungen wäre natürlich unvollständig, wenn wir nicht über Holz sprechen würden – das Material, das in der ökologischen Bauweise und Dekoration allgegenwärtig ist. Es ist natürlich, erneuerbar, bedarf wenig Weiterverarbeitung und ist umweltverträglich. Außerdem fängt es weder Staub noch Milben und eignet sich perfekt für Allergiker. Und schließlich ist es auch noch ein guter Feuchtigkeitsregulator.
Eine Vorsichtsmaßnahme gilt es jedoch zu beachten: Achten Sie auf Verarbeitungsprodukte, Kleber und Anstriche, welche die guten Eigenschaften dieses erstklassigen Materials für eine ökologische Raumgestaltung völlig zunichte machen können.

Altes Holz in neuem Glanz

Neben Wand- und Deckenvertäfelungen, für die es eine breite Produktpalette gibt (siehe folgende Seiten), kann es interessant sein, Balken, Türen, Bretter und andere Holzprodukte wiederzuverwerten, um Wänden und Decken einen noch authentischeren Look zu verleihen. Einige Händler haben sich auf den Verkauf solcher Materialien spezialisiert. Während man bei diesen den Vorteil hat, trockenes Holz zu bekommen, muss manchmal vorbeugend ein Insektizid und Fungizid aufgetragen werden, insbesondere bei Balken, die aus Eiche, Pechkiefer oder Föhre bestehen. Verwenden Sie Borsalz oder natürliche Produkte, die gegen holzzerstörende Insekten und Pilze wirken.

Natürliche Lasuren

- Es gibt Lasuren aus Bienenwachs, Destillaten von Zitrusfrüchten, aus Pflanzenteer oder auf der Basis von natürlichen und pflanzlichen Harzen für Holzarbeiten im Innenbereich (Vertäfelungen) oder im Außenbereich (Fensterläden, Türen und Fenster, Zaunpfähle, Zäune, Fachwerk).

- Diese Produkte lassen das Holz atmen und bilden gleichzeitig auf der Oberfläche eine mikroporöse Schicht, die vor UV-Strahlen und Unwettern schützt.

- Lasuren aus Bienenwachs können auch zum Polieren von Gips und Kork verwendet werden.

Die Vertäfelung: ein eigener Stil

Eine Vertäfelung ist die häufigste Form, in der wir Holz an der Wand finden. Genutete Paneele werden miteinander verbunden und auf verschiedene Arten angeordnet – horizontal oder vertikal, mit unterbrochenen Fugen usw. –, um den dekorativen Effekt zu variieren. Eine Vertäfelung kann roh belassen, lasiert oder lackiert werden (natürlich mit biologischen Produkten). Eine solche Wandverkleidung kann in allen Räumen verwendet werden. Wir finden sie oft unter dem Dach und an Mansardenwänden, aber die Holzoptik, ob gefärbt, lasiert, gestrichen oder lackiert, passt sowohl für Wohn- als auch für Feuchträume (Badezimmer und Küchen). Auf diese Weise können wir eine Wand schnell verkleiden und dabei kleinere Mängel auf der Oberfläche verdecken; größere Unregelmäßigkeiten müssen in jedem Fall ausgeglichen werden, bevor man die Vertäfelung anbringt.

Diese wird auf einer Unterkonstruktion aus Dachleisten angebracht (siehe Seite 12), sodass die Vertäfelung nicht direkt auf der Wand aufliegt und diese somit atmen lässt.
Die verschieden breiten Paneele – aus Seekiefer, Weißkiefer, Kastanie usw. – können vertikal oder horizontal verlegt werden. Im ersten Fall lassen sie das Zimmer größer erscheinen; im zweiten Fall wirkt die Decke höher. Man kann auch den dekorativen Effekt variieren, indem man einige Teile diagonal verlegt. Durch die gewählte Holzart, die Breite der Paneele, ihre Farbe und die Art, wie Sie sie verlegen, können Sie sowohl eine sehr moderne als auch eine ganz rustikale Stimmung schaffen.
Eine Wandvertäfelung können auch mit Zierleisten umrahmte Holzbretter sein, die nur den unteren Teil der Wand verkleiden. Dadurch entsteht ein traditioneller, klassischer Look.

Wandvertäfelung, Parkett, Türen, Balken, Möbel: Holz ist hier das vorherrschende Material.

Ein Hauch von Wildnis – breite, rohe Paneele, leicht abgeschliffen und nicht fugendicht. Diese Vertäfelungen können natürlich bleiben oder gefärbt werden.

DIE INNEN-EINRICHTUNG

Die natürliche Lichtquelle

Die ökologische Konzeption des Wohnraums bevorzugt selbstverständlich natürliches Licht. Die Breite und die Lage der Fenster, Lichtbrücken, aber auch die Auswahl von Farben und der Standort von Wänden tragen dazu bei. In diesem Zusammenhang denkt man nicht oft genug an Trennwände aus Glassteinen, die lichtdurchlässig sind. Trennwände grenzen verschiedene Tätigkeitsbereiche voneinander ab, ohne diese einzuschließen oder zu verdunkeln. Heutzutage braucht man auch keine kleinen Zimmer mehr, um diese ausreichend zu heizen. Der Fortschritt im Bereich der Dämmstoffe und der Heizungssysteme hat dazu beigetragen.
Unter diesen Bedingungen kann man zu Recht versucht sein, Wände zu entfernen, um größere Räume zu schaffen, die mehr Komfort und Helligkeit bieten. Die Trennwände werden verschoben und versetzt, wie es der Familie gefällt. Die Materialien in Brett- oder Plattenform erleichtern die Montage. Aber vergessen wir nicht, dass Trennwände auch notwendigen Stauraum bieten (Wandschränke, Bücherregale). Um das Angenehme mit dem Nützlichen zu verbinden, kann man sich damit zufriedengeben, eine Wand nur teilweise zu entfernen. So bewahrt man den abtrennenden Charakter, begünstigt gleichzeitig die Luftzirkulation im Wohnbereich und profitiert besser vom Tageslicht. Eine in der Höhe oder in der Breite reduzierte Trennwand behält ihre Funktion, und doch verändert sich unser Raumgefühl. Man kann auch massive Materialien beispielsweise durch ein Lüftungsmauerwerk ersetzen.

Natürliches Licht bringt Leben in ein Haus. Wenn möglich, schaffen oder vergrößern Sie Fenster oder reißen Sie Wände ein, um Tageslicht hereinzulassen.

Beleuchtung: Innovation und Leistung

Zusätzlich zum Tageslicht muss natürlich auch die künstliche Beleuchtung geplant werden. Sie schafft nicht nur Stimmungen, sondern passt sich auch den Aktivitäten an, die im jeweiligen Raum stattfinden. Dabei sollten Sie immer das Energiesparen im Auge behalten. So verwendet man vorzugsweise Glühbirnen mit niedrigem Energieverbrauch (Energiesparbirnen), die in jede Lampe passen. Sie sind etwas teurer, verbrauchen aber fünfmal weniger als klassische Glühbirnen und halten bis zu zwölfmal länger! Verwenden Sie sie bevorzugt an Orten, die lange beleuchtet bleiben, wie Flur und Eingangsbereich, denn wenn sie zu oft ein- und ausgeschaltet werden, haben sie eine geringe Lebensdauer.

Abgesehen vom umweltfreundlichen Aspekt kann man mit Energiesparbirnen ganz erheblich Energiekosten sparen.

Halogenleuchten

Erwähnenswert sind auch Halogenleuchten mit KS (Kleinspannung), deren Beleuchtung an natürliches Licht herankommt und die viel weniger Strom verbrauchen als klassische Halogenbirnen. Diese sind zu vermeiden, denn sie verbrauchen sehr viel Energie. Eine Halogenbirne mit 500 Watt, die eine Stunde lang brennt, verbraucht genauso viel Energie wie 25 Glühbirnen mit 20 Watt, die eine Stunde lang brennen. Halogenleuchten mit KS haben eine höhere Effizienz als traditionelle Glühbirnen mit Glühfaden, und das bei einem deutlich niedrigeren Verbrauch: Eine Halogenbirne mit 35 Watt mit Niederspannung von 12 V leuchtet genauso hell wie eine Glühbirne mit Glühfaden mit 100 Watt. Zudem ist durch die Kleinspannung die Installation ungefährlich.

LEDs erobern unsere Räume

Leuchtdioden (LED für „*light emitting diode*") sind auf dem Vormarsch. Mit ihnen kann beträchtlich Energie gespart werden, aber bis vor Kurzem wurden sie hauptsächlich nur im Verkehrsbereich und bei Taschenlampen verwendet.

Bei der Herstellung dieser leistungsstarken Dioden wurden große Fortschritte erzielt, und in der Tat werden sie wahrscheinlich die Beleuchtung im Innenbereich revolutionieren, denn ihre durchschnittliche Lebensdauer beträgt 100.000 Stunden, d. h. zehnmal mehr als bei Energiesparlampen, die bereits einen enormen Fortschritt im Vergleich zu den klassischen Glühbirnen darstellen. Wenn man weiß, wie wenig LEDs verbrauchen (etwa 1 Watt), dann kann man sich leicht ausrechnen, wie viel Energie man mit ihnen sparen kann. Oft zitiert man in diesem Zusammenhang die französische Stadt Grenoble, die angeblich fast 55.000 € pro Jahr einspart, seitdem alle Ampeln mit LEDs ausgestattet wurden.

Gleich welche Leuchtmittel Sie haben: Bringen Sie sie zu einer Rückgabestelle, wenn sie nicht mehr funktionieren, denn sie können Quecksilber enthalten. Bringen Sie sie zu einer Rückgabestelle oder auf den Wertstoffhof, damit sie recycelt werden können.

Auch wenn Haushaltsgeräte auf „Stand by" sind, erzeugen sie elektromagnetische Felder, die durch Mauern dringen können. Berücksichtigen Sie dies, bevor Sie sich entscheiden, wo Sie die Geräte aufstellen.

Schluss mit Elektrosmog!

▶ Elektromagnetische Felder existieren rund um Geräte, die angeschlossen bleiben (auch wenn sie ausgeschaltet sind), und im Bereich des Stromkabels, das durch die Wand verläuft. Man konnte ihren Einfluss auf die Schlafqualität und die Gesundheit messen.

▶ Um diesen elektromagnetischen Smog zu bekämpfen, kann man einen Netzfreischalter installieren, der den Strom an der Quelle unterbricht, wenn man ihn nicht mehr braucht. Dieses Gerät wird am Verteilerkasten angebracht (Zähler), direkt nach dem Schalter, der den betroffenen Bereich schützt.

▶ Man verwendet auch abgeschirmte Kabel (mit einer Aluminiumummantelung) anstelle von traditionellen Kabeln, um die Bildung von elektrischen Feldern zu verhindern.

Dank des modernen Ofens (Holzscheite oder -pellets) kann man auch dann mit Holz heizen, wenn man sich den Luxus eines Kamins nicht leisten kann.

Eine gut geplante Heizung

Die Heizung ist eine der Voraussetzungen für unseren Komfort. Doch das Brennmaterial und die verwendeten Geräte müssen auch noch in unser ökologisches Konzept von Wohnen und Raumgestaltung passen.
Selbstverständlich wählen wir einen Brennstoff, der nicht gesundheitsschädlich ist und kein Treibhausgas ausstößt. Dazu kommen die Energieeinsparungen, die man auf diese Weise erhält, ganz zu schweigen von Steuererleichterungen, von denen man bei Renovierungen des Heizungssystems profitiert. Aber welche Verfahren greifen auf erneuerbare Energien zurück? Hier ein kurzer Überblick:
Die Geothermie- oder Wärmepumpenheizung erfordert eine Installation, die in die Struktur des Gebäudes integriert ist, und ist somit nur im Rahmen von Renovierungsarbeiten denkbar. Das Prinzip besteht darin, die Erdwärme aufzufangen, im Keller zu speichern und sie im Haus mittels Rohren und Leitungen abzugeben, die in den tragenden Teilen der Konstruktion verlaufen.
Die Solarenergie dient eher zur Produktion von heißem Wasser, aber Achtung: Das Anbringen der Kollektoren kann je nach Lage des Hauses bestimmten Vorschriften unterliegen.
Heizungssysteme mit Holz eignen sich für Ein- und für Mehrfamilienhäuser, sowohl in der Stadt als auch auf dem Land. Sie sind eine interessante Lösung zum Erhalt unserer Umwelt, denn Holz ist ein Material, das im Überfluss vorhanden, erneuerbar, nur wenig umweltschädlich und preiswert ist. Es gibt zahlreiche Arten, mit Holz zu heizen, vom traditionellen Kaminfeuer bis hin zu klassischen Einsätzen und modernen Holzöfen; bei diesen gibt es einige so genannte träge Modelle, die einen Raum nach dem Strahlungsprinzip heizen: Die Wärme wird noch mehrere Stunden nach der Verbrennung des Holzes abgegeben. So garantieren 3 Stunden Verbrennung 24 Stunden Heizzeit. Die Strahlungswärme wirkt außerdem gegen Schimmelbildung und die Entwicklung von Milben – eine qualitativ hochwertige Investition, die Ihrem neuen Zuhause die Krone aufsetzen wird.

Möbel und Dekorationsstoffe

Was würde es nützen, sich vor umweltschädlichen Materialien zu schützen und sich gleichzeitig mit Möbeln aus Spanplatten zu umgeben, die noch lange nach dem Aufstellen giftige Verbindungen in unsere Raumluft abgeben? Entscheiden Sie sich eher für ökologische Möbel aus heimischem Holz, einem erneuerbaren Rohstoff, der nicht vorbehandelt werden muss und dessen Herkunft weniger Transportkosten, also weniger Energie, verursacht.

Wählen Sie Möbel aus Holz ohne lösungsmittelhaltige Kleber. Einige Hersteller bieten Möbel aus Rohholz an, das aus Wäldern mit kontrollierter Bewirtschaftung stammt, die oft das FSC-Label (*Forest Stewardship Council*) tragen. Dieses Label garantiert die nachhaltige Bewirtschaftung der Wälder, aus denen es stammt. Es ist auch kreativ und ökonomisch (auch für die Umwelt!), alte Möbel und Gegenstände zu überarbeiten und daraus beispielsweise originelle Ordnungssysteme zu machen.

Und noch ein paar Ideen: Besorgen Sie sich Dekostoffe aus Leinen, Hanf, Baumwolle oder Seide, um daraus Vorhänge zu machen oder damit Sofas zu beziehen. Sie sind schön, natürlich und vor allem gesundheitsfreundlich, denn leider findet sich auch in einigen Möbelstoffen Formaldehyd. Für die Pflege verwenden Sie biologisch abbaubare und geruchlose Produkte. Achten Sie auch auf die Herkunft der Stoffe, wie im Übrigen bei allen Dekorationsgegenständen und sonstigen Produkten. Als Verbraucher können Sie aktiv an der nachhaltigen Entwicklung mitwirken.

Möbel aus Rohholz, natürliche Stoffe, Licht: In einem ökologischen Haus lebt es sich gut.

Restaurieren von alten Möbeln

Die Kommode, der Couchtisch oder die Stühle, die Sie bei Antiquitätenhändlern oder auf dem Trödelmarkt erstanden haben, müssen wahrscheinlich verstärkt, verklebt, abgebeizt und auch gegen holzzerstörende Insekten behandelt werden. Dafür gibt es eine ganze Reihe von Produkten, die weder für die Gesundheit noch für die Umwelt schädlich sind. Dazu zählen:

- Ökologische Beizmittel, die weder Lösungsmittel noch Natron oder Säure enthalten, aber mit denen man nichtsdestotrotz effizient Lack und Farbanstriche auf dem Holz abbeizen kann;
- Entwachser auf der Basis von Terpentin und Destillat von Zitrusfrüchten (auch nützlich für gewachstes Parkett);
- Borsalz (ein natürliches Mineral, nicht giftig und geruchlos), um Holz vorbeugend gegen holzzerstörende Insekten und Pilze zu behandeln. Es kann auch für Dachstühle, Wandverkleidungen, Trennwände aus Holz, Tragekonstruktionen, Holzzäune usw. verwendet werden;
- Holzleim ohne Lösungsmittel oder Formaldehyd (auch geeignet für schwimmendes Parkett);
- Holzpaste, um Löcher und kleinere Risse auszubessern;
- farbloser Versiegelungslack, matt oder glänzend, auf der Basis von Leinöl, Sojaöl, Kolophonium (einer pflanzlichen Substanz) usw.;
- Hartwachs auf der Basis von Bienen- und Pflanzenwachs, zum Schutz von Möbeln (aber auch von unlackierten Terrakottafliesen), und Bienenwachsbalsam zur Möbelpflege;
- Leinölfarbe (unter Zusatz von Terpentin, Zinkweiß, bleifreien Trockenstoffen, natürlichen Pigmenten usw.) lässt das Holz atmen und schützt es vor Schimmel.

Ökologische Reinigungsprodukte

▶ Fettlöser, Desinfektionsmittel, Entkalker, Fleckenmittel, Waschpulver: Alle Reinigungsprodukte, die wir häufig und viel verwenden (für Geschirr, Fußböden, den Sanitärbereich, Wäsche usw.), haben einen nicht zu vernachlässigenden Einfluss auf die Umwelt.

▶ Deshalb ist es empfehlenswert, auf biologisch abbaubare Produkte zurückzugreifen.

▶ Sie sind natürlichen Ursprungs, hergestellt aus ätherischen und pflanzlichen Ölen, und tragen das Ökolabel der Europäischen Union, das es seit 1992 gibt (dieses Label wird auch einigen Dekorationsstoffen und Frottierwaren verliehen).

PRAKTISCHES

SCHADSTOFFE IM INNENBEREICH

Hier finden Sie eine Auflistung der Schadstoffe, die am häufigsten in unserer Raumluft vorhanden sind. Außer dem Naturgas Radon haben alle ihren Ursprung in Produkten und Materialien, die beim Bau und bei der Raumgestaltung verwendet werden.

Schadstoff	**Vorkommen**	**Gesundheitsrisiken**
Acetaldehyd	Kleber, Spanplatten, Lacke, Isolierschaum, Tabak	Augenreizungen, möglicherweise Luftröhrenkrebs
Benzol (Kohlenwasserstoff)	Produkte zur Dekoration und zum Heimwerken, Farben, Lasuren, Lacke, Möbel	Neurologische und immunologische Störungen. Von der Europäischen Union als krebserregend eingestuft.
Epoxidharze	Lacke, Kleber	Reizungen der Atemwege
Ethylbenzol (Kohlenwasserstoff)	Lacke, Farben, Kleber, Wachse, Verdünner	Verzögert die allgemeine Entwicklung
Formaldehyd (Aldehyd)	Spanplatten, Farben mit Lösungsmitteln, Isolierschaum mit Harnstoff	Reizungen der Atemwege und der Schleimhäute (Augen)
Glykolether	Kleber, Lösungsmittel, Farben, Parkettlacke, Haushaltsprodukte	Auswirkungen auf die Blutzellen
Hexaldehyd (Aldehyd)	Spanplatten, Farben mit Lösungsmittel, Produkte zur Holzbehandlung	Nicht bekannt
Kohlenmonoxid (Gas)	Heizungen und Wasserboiler	Probleme mit Herz und Gefäßsystem, neurologische Störungen
N-Dekan N-Undekan	Terpentinersatz, Kleber für Bodenbeläge, Wachse, Holzlacke, Möbelstoffe, Reiniger für Teppichböden	Nicht bekannt

Schadstoff	Vorkommen	Gesundheitsrisiken
Pentachlorphenol oder PCP	Produkte zur Holzbehandlung	Verboten in Skandinavien; gesetzlich geregelte Verwendung in Deutschland (Vermerk auf verkauftem Holz und Verwendung untersagt für Holz für den Möbelbau)
Pyrethrinoid	Produkte zur Holzbehandlung, Insektizide	Reizungen der Haut, der Schleimhäute (Augen) und der Atemwege
Radon (Naturgas)	Keller, Granitsteine, Baumaterialien	Krebserregend
Styrol (Kohlenwasserstoff)	Plastik, Dämmstoffe	Neurologische Störungen, möglicherweise krebserregend
Tetrachlorethylen (Kohlenwasserstoff)	Teppich, Textilien	Neurologische Störungen, Nierenprobleme, möglicherweise Speiseröhrenkrebs
Toluol (Kohlenwasserstoff)	Kleber, Teppich, Farben, Lacke, Fleckentferner	Kopfschmerzen, Störungen des Nervensystems und des Gedächtnisses
Trichlorethylen (Kohlenwasserstoff)	Kleber, Farben, Lacke	Neurologische Störungen, krebserregend
Vinylchlorid	Kanalisation, Fensterrahmen, Bodenbeläge, Wandverkleidungen	Krebserregend; sehr gefährlich im Brandfall aufgrund der freigesetzten Salzsäure
Xylen (Kohlenwasserstoff)	Kleber, Farben, Lacke	Neurologische Störungen

HEIMWERKEN/GESTALTEN:

13 x Gewusst wie

Hier präsentieren wir Ihnen einige Techniken, die Sie vielleicht bei Renovierungs- oder Installationsarbeiten vor oder begleitend zur Raumgestaltung anwenden möchten.

▶ ISOLIERUNG: Ein Dachgeschoss isolieren

Durch das Dach geht die meiste Wärme verloren. Die Isolierung in diesem Bereich des Hauses hat somit Priorität. Wenn das Dachgeschoss ausgebaut wird, muss das Dach isoliert werden, andernfalls kann man sich damit zufriedengeben, auf dem Dachboden Dämmstoffe zu verlegen.

In beiden Fällen sollten Sie natürlichen Dämmstoffen den Vorzug geben, etwa Schafwolle, Hanf in Rollen oder als Platten für Dach oder Boden, oder auch losen Dämmstoffen wie Perlit, der zwischen den Balken ausgebreitet wird. Diese Materialien lassen die Konstruktion atmen – im Gegensatz zu Materialien, die Wasserdampf nicht durchlassen, beispielsweise Dämmstoffe auf Aluminium- oder Kunststoffbasis. Unter dem Dach kommen über den Isolierstoff dann OSB-Platten, eine Vertäfelung oder Gips-Zellulose-Platten.

Wenn bereits eine Isolierung des Dachs mit Glaswolle besteht, wird empfohlen, diese bei einer Renovierung dort zu belassen, denn es ist schwierig, sie zu entfernen, und es widerspricht den ökologischen Regeln. Behalten Sie die Glaswolle besser (natürlich nur, wenn sie in gutem Zustand ist) und bedecken Sie sie eventuell mit einer Dampfsperre (im Handel erhältlich) und Spanplatten, die auf oder zwischen den Sparren angebracht werden können, zwischen den Deckenbalken, an der Decke usw.

► ISOLIERUNG: Eine Trennwand montieren

Eine Gipskartonwand wird auf einer Holz- oder Metallkonstruktion angebracht. Wenn es sich um eine Verschalung handelt, mit der die Isolierung der Wand verbessert werden soll und mit der man gleichzeitig eine neue Oberfläche erhält, dann wird diese Konstruktion einige Zentimeter von der Originalwand entfernt aufgebaut, um eine Zwischenisolierung platzieren zu können (am besten in Plattenform, da sie so leichter zu montieren ist). Die Platten werden anschließend an der Konstruktion angebracht und mit einem speziellen Material des Herstellers verbunden.

Für eine Trennwand muss man eine tragende Konstruktion aufbauen, sodass die neuen Bereiche ebenfalls vom Tageslicht profitieren. Achten Sie darauf, wo sich die Fenster befinden. Die U-Form der Metallprofile, die am Boden, an der Wand und an den stützenden Mauern angebracht werden, erleichtert das Positionieren der Platten, während die gleichmäßig angebrachten Holme die Haltbarkeit garantieren. Für die Türen ist eine spezielle Vorrichtung vorgesehen.

Die Platten werden auf diese Konstruktion geschraubt, geklammert oder genagelt. Planen Sie immer eine etwas geringere Größe ein als der Abstand zwischen Boden und Wand beträgt, damit das Anbringen problemlos erfolgt. Wenn die Platten zur Decke hin verkeilt sind, werden sie an den Holmen befestigt. Es gibt auch Platten, die auf Stoß verklebt werden. Sie sind leicht zu schneiden, unterliegen aber aufgrund von Feuchtigkeitsvariationen kleinen Größenschwankungen. Lassen Sie deshalb eine Dehnungsfuge offen.

Bei der Montage der Trennwand müssen Sie außerdem den Verlauf von elektrischen Kabeln und den Platz von Schaltern und Steckdosen planen.

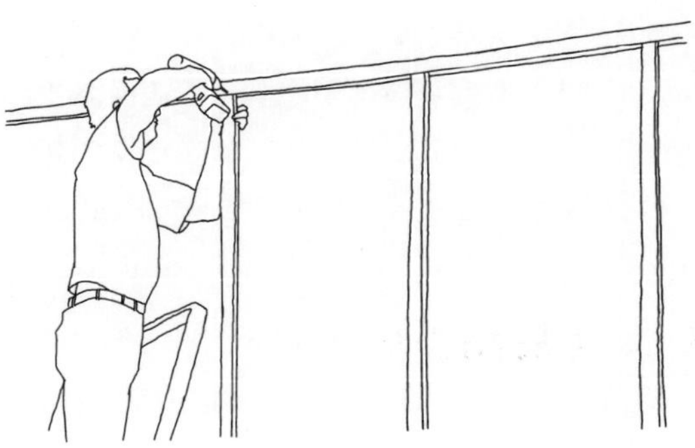

▶ ISOLIERUNG: Eine Bodenplatte aus Hanf-Kalk

Wenn die Bodenplatte hergestellt werden soll, müssen Sie damit beginnen, eine Schüttung aus 15 bis 20 cm dicken Steinen zu schaffen, um eine gute natürliche Drainage in der Unterschicht zu garantieren. Folglich ist es nicht notwendig, eine dichte Folie zu verlegen, die eine wasserundurchlässige Barriere darstellt und die Bodenplatte nicht atmen lässt. Man konnte übrigens feststellen, dass in diesem Fall die kapillare Feuchtigkeit aufstieg – ins Mauerwerk! Im Obergeschoss und auf einem Holzfußboden besteht der Feuchtigkeitsschutz aus einer reinen Hanfschicht mit 2 cm Stärke, auf die man den Kalk stäubt. Wenn der Boden uneben ist, verlegen Sie spezielle Anti-Feuchtigkeits-Spanplatten. Verlegen Sie keinesfalls eine Plastikfolie.

Warten Sie, bis die Bodenplatte vollständig getrocknet ist, d. h. mehr als einen Monat. Wenn der Boden gefliest werden soll, planen Sie eine Isolierschicht in 4 cm Stärke über der Bodenplatte ein. Um einen Boden zu verlegen, genügt selbstglättendes Ausspachteln.

▶ BODEN & WAND: Arbeiten mit Hanfbeton

Hanfbeton wird als Estrich (ebenerdig oder im Obergeschoss) oder als Trennwand (Füllung oder Verschalung) verwendet. Dieses Baumaterial ist ein guter Wärme- und Schallschutz, der sowohl im Innen- als auch im Außenbereich eingesetzt werden kann.

Für die Wand erfolgt die Mischung mit drei Teilen Hanf, einem Teil Luftkalk (als Bindemittel) und einem Teil Wasser – also im Verhältnis 59 % : 20 % : 21 %. Bei einer Wand wird der Beton verschalt, d. h. in eine Verschalung auf einem Holzgerüst gegossen. Für den Boden sind die Proportionen etwas anders: Hier beträgt das Mischverhältnis 52 % : 22 % : 26 %. Wenn Sie etwas Sand hinzufügen, ist der Hanfbeton leichter anzurühren. Sie können dazu eine Betonmischmaschine einsetzen. Eine Platte aus Hanfbeton ist mindestens 7 bis 10 cm stark, bestehend aus Schichten von jeweils 5 cm, die mit einem Rechen verteilt, mit einer Schiene glatt gezogen und anschließend festgestampft werden. Im Obergeschoss müssen Sie zunächst eine dichte Zellulosefolie verlegen. Ebenerdig wird der Hanfbeton auf eine ca. 15 cm hohe Schüttung aus Steinen gegossen. In beiden Fällen ist es möglich, die Abwasserrohre in der Betonschicht zu versenken. Wenn sie komplett getrocknet ist (Dauer unterschiedlich), wird der Beton mit einer Isolierschicht überzogen, auf der man dann den Bodenbelag verlegt.

▶ BODEN: Unebenheiten im Betonboden ausbessern

Mit dem Ausbessern von Unebenheiten gleicht man einen Boden aus, bevor man einen neuen Belag verlegt. Bevor Sie das (selbstglättende) Ausbesserungsprodukt verteilen, bessern Sie Risse aus und entfernen Sie kleine Unebenheiten im Boden. Kratzen Sie auch Leimreste (unter Teppichboden) weg und entstauben Sie die Fläche sorgfältig. Die vorherige Anwendung eines Härters ist notwendig, um die Porosität des Untergrunds zu verringern. Ein Tipp: Um zu testen, ob ein Untergrund porös ist, lassen Sie einige Wassertropfen darauf fallen und beobachten Sie, ob sie auf der Oberfläche bleiben.

Ausbesserungsprodukte sind erhältlich als Pulver, das Sie mit Wasser anrühren. 1,5 kg Pulver pro Quadratmeter und pro Millimeter Stärke (eine Stärke von mindestens 3 mm ist empfohlen – in häufig genutzten Zimmern muss sie jedoch höher sein) ist notwendig. Rühren Sie die Masse in einem großen Gefäß an. Benutzen Sie dazu einen Mischhaken, den man auf eine Bohrmaschine stecken kann. Schütten Sie das Produkt auf den Boden und verteilen Sie es mit einem Betonglätter oder einer Kelle. Arbeiten Sie rückwärts gehend, indem Sie am Ende des Zimmers beginnen. Verteilen Sie die Schicht gleichmäßig. Arbeiten Sie in einem Zug ohne Pause durch. Lassen Sie es 48 Stunden trocknen.

Beachten Sie, dass einige Ausbesserungsprodukte auf altem Parkett erst nach einigen Vorarbeiten (Ausbesserung von Rissen, Entfetten usw.) verwendet werden können.

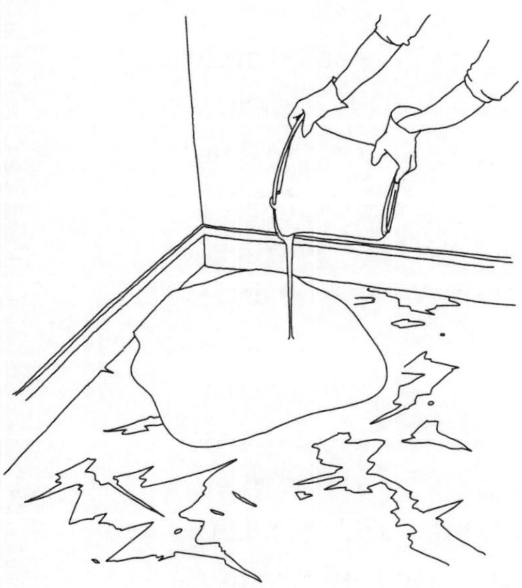

▶ BODEN: Fliesen verlegen

Meistens beginnt man beim Verlegen von Bodenfliesen in der Mitte des Zimmers. Beginnen Sie, indem Sie mit einer Schnur und einem Winkel senkrechte Linien ziehen, die sich in der Mitte des Zimmers kreuzen, wovon eine von der Tür oder der Wand ausgeht, an der diese sich befindet. Der Winkel, der durch beide Linien entsteht, zeigt Ihnen an, wo Sie die erste Fliese verlegen müssen.

Sie können die Fliesen zunächst probeweise nach Ihrem Plan verlegen: Anordnung der farbigen Fliesen, eventuell mit ausgeklinkten Ecken, Leisten oder anderen dekorativen Elementen aus Holz. Das hilft Ihnen, auszurechnen, wie viele Fliesen Sie brauchen, und den Platz für die verschiedenen Deko-Elemente zu finden, egal für welche Verlegungsart Sie sich entscheiden: regelmäßige oder unterbrochene Fugen (man nennt sie auch versetzte Fugen); Fliesen im Zickzackmuster; diagonal verlegte Fliesen (die senkrechten Linien dienen in diesem Fall dazu, die Diagonalen auf dem Boden anzuzeigen). In einem Bad beginnt man beim Verlegen an der Badewanne, nachdem man die (senkrechten) Verlängerungen ihrer Seiten eingezeichnet hat.

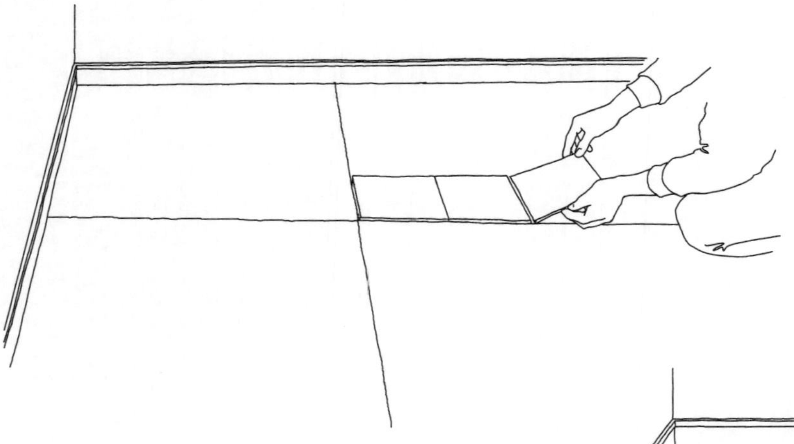

Vergessen Sie nicht, zwischen den Fliesen Platz für die Fugen zu lassen. Verwenden Sie als Platzhalter Fliesenkreuze, die im Handel in verschiedenen Breiten erhältlich sind; wählen Sie sie danach aus, wie die geflieste Fläche am Ende aussehen soll.

Verteilen Sie den Fliesenkleber auf einer kleinen Fläche und setzen Sie die Fliesen in regelmäßigem Abstand. Diese Abstände werden später verfugt – ohne Fugen führt die Ausdehnung des Materials zu Rissbildung. Prüfen Sie während des Verlegens immer wieder, ob die Fliesen eben liegen.

Wenn Sie bei den Bordüren angekommen sind, werden Sie gerade Schnitte vornehmen müssen; diese werden mit einem Fliesenschneider und einer Zange gemacht. Runde Ausschnitte sind ganz klar komplexer. Verwenden Sie hierfür eine Kneifzange und eine Feile – und üben Sie vorher an Fliesenabschnitten.

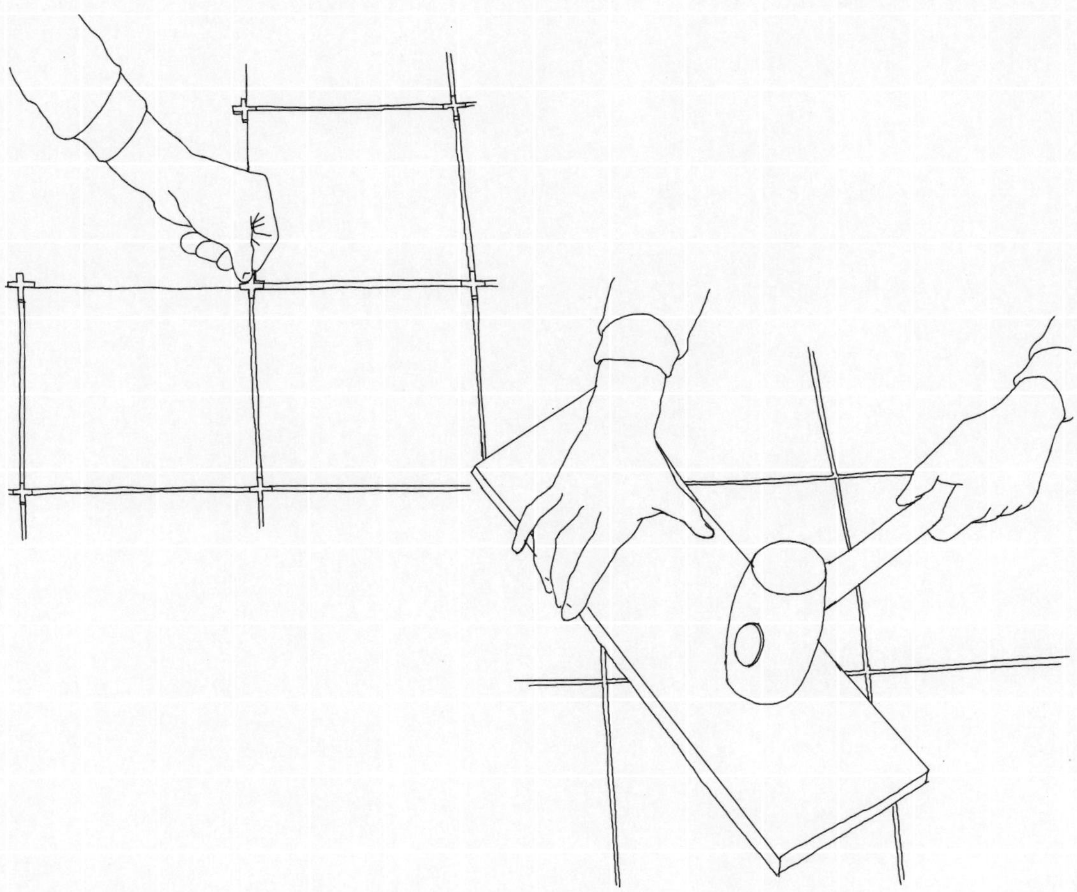

▶ BODEN: Verlegen von schwimmendem Parkett/Laminat

Schwimmendes Parkett bzw. Laminat muss auf einem ebenen, trockenen und sauberen Untergrund verlegt werden. Wenn die Isolierschicht nicht eben ist, müssen Sie sie glätten (kleine Unregelmäßigkeiten von etwa 2 mm pro Meter sind tolerierbar).

Ist das Zimmer rechteckig, beginnen Sie beim Verlegen in Richtung der längeren Seite; ist der Raum quadratisch, beginnen Sie senkrecht zum Hauptfenster. Fangen Sie in einer Ecke an. Legen Sie das erste Brett mit der genuteten Seite Richtung Wand und die folgenden Bretter direkt anschließend bis zum anderen Ende. Legen Sie Keile für die Dehnungsfuge zwischen die Wand und die Bretter, das Holz arbeitet bei Feuchtigkeitsschwankungen. Sägen Sie das Brett am Ende der Reihe ab und bewahren Sie den Abschnitt auf. Verwenden Sie diesen für den Anfang der nächsten Reihe. So können Sie die Fugen versetzen.

Verteilen Sie Kleber in die Nuten und legen Sie die nächste Reihe, indem Sie die Bretter ineinanderstecken. Bei Bedarf schlagen Sie mit einem Holzhammer gegen die Seite, indem Sie ein Stück Holzabfall dazwischenklemmen, um das Brett nicht zu beschädigen.

Legen Sie die Bretter nicht direkt an die Wand. Lassen Sie einen Zwischenraum (Dehnungsfuge) frei, indem Sie Keile platzieren. Entfernen Sie diese, wenn Sie mit dem Verlegen fertig sind. Der freie Platz wird durch Fußbodenleisten oder geklebte bzw. mit Versenkstiften vernagelte Viertelstäbe abgedeckt.

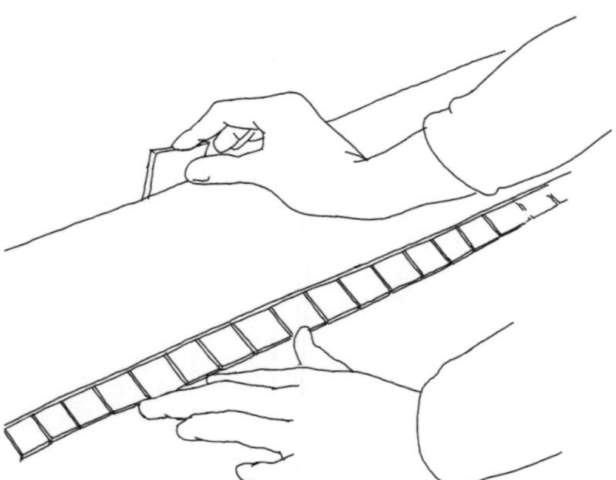

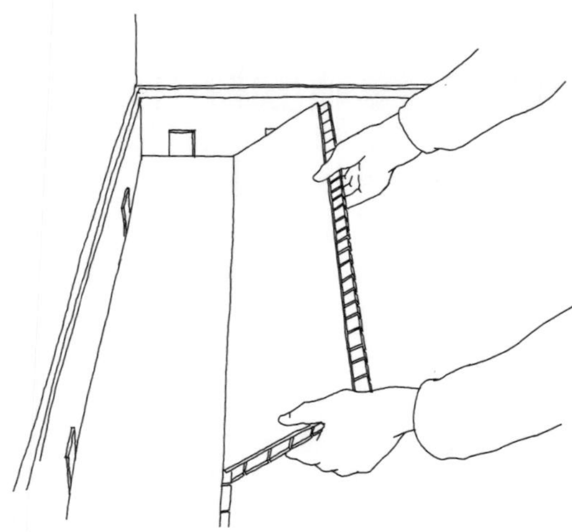

▶ BODEN: Renovieren von altem Parkett

Wenn das Parkett beschädigt ist, müssen Sie es zuerst mit einer Maschine abschleifen. Dieser Arbeitsschritt, den am besten ein Profi durchführen sollte, setzt extrem viel Staub frei – er muss abgeschlossen sein, bevor Sie die Wände gestalten! Anschließend wertet eine Schicht Ölwachs (matt oder seidig) das Holz auf.

Man kann sich auch für Lack entscheiden, der einen robusteren Schutz bietet, dann aber endgültig ist. Wenn Sie später renovieren wollen, müssen Sie das ganze Parkett wieder abschleifen. Im Gegensatz dazu kann eine Ölwachsschicht regelmäßig erneuert werden, indem man eine neue Schicht aufträgt (etwa alle zwei Jahre). In beiden Fällen pflegen Sie das Parkett ganz einfach mit einem Wischlappen.

Achtung: Selbst farblose Produkte können den Farbton des Holzes, insbesondere bei Eiche, verändern. Es ist auch möglich, das Parkett zu färben, indem man Pigmente zu Hartöl hinzufügt. Testen Sie vorher die richtige Dosierung.

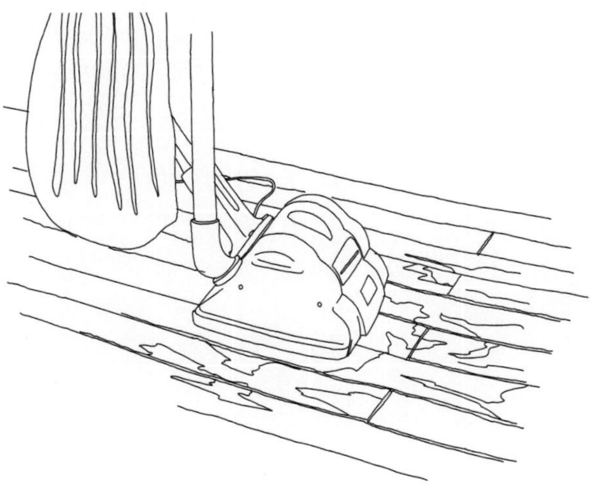

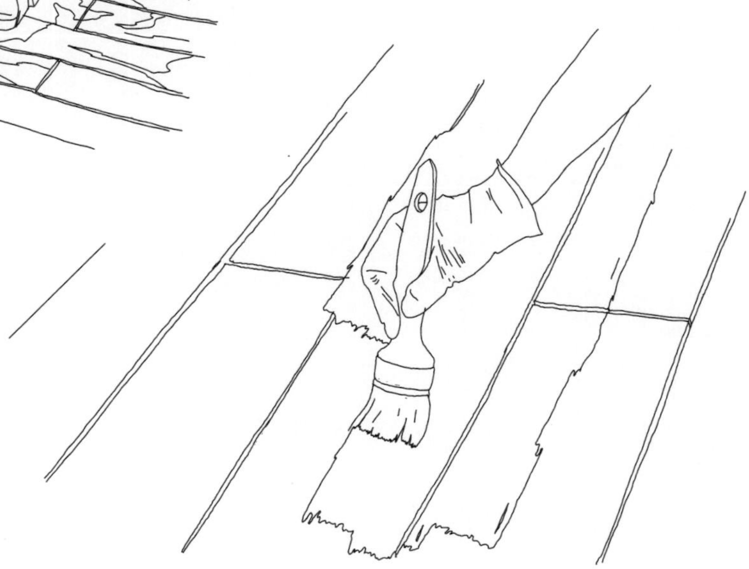

► WÄNDE: Risse ausbessern

Risse treten auf, wenn der Putz brüchig wird, weil die Inhaltsstoffe schlecht dosiert sind oder der Untergrund zu trocken ist. Sie können auch entstehen, wenn das Mauerwerk arbeitet, was noch ärgerlicher ist. In jedem Fall müssen Sie sie unbedingt schließen, damit Sie vor dem Streichen eine glatte Oberfläche haben. Wenn die Risse nicht zu groß sind, kann man sie mit gebrauchsfertiger Spachtelmasse ausbessern. Ist der Putz zu stark beschädigt, müssen Sie ihn komplett neu anbringen.

Paradoxerweise müssen Sie einen Riss vergrößern, bevor Sie ihn schließen, damit alles Lose abfällt. So hält die Spachtelmasse auf einer soliden Basis. Höhlen Sie den Riss mit einem dreieckigen Schaber aus, mit dem Sie bis auf den Grund kommen. Entfernen Sie den Staub und befeuchten Sie die Mauer gut. Füllen Sie den Riss mit Spachtelmasse auf und glätten Sie sie für den Moment noch nicht, denn wenn die Masse trocknet, zieht sie sich leicht zusammen. Lassen Sie die Masse trocknen und schleifen Sie sie anschließend ab.

Bei großen Rissen (an Wänden und Decken) verwenden Sie einen Kattunstreifen oder Glasfasergewebe, das Sie in die Spachtelmasse tauchen. So können Sie auch kleine Löcher ausbessern, die Nägel und Dübel hinterlassen haben.

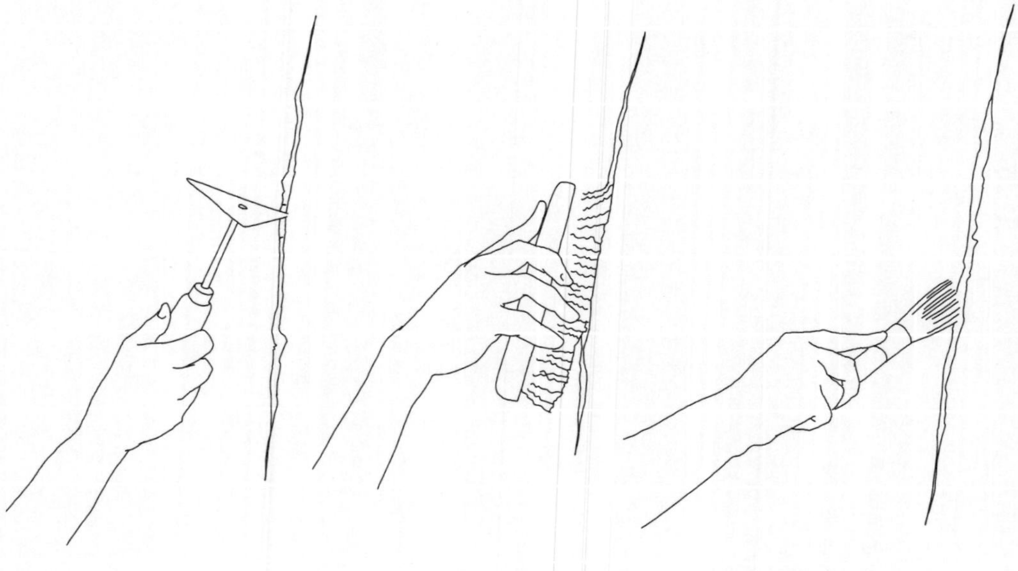

▶ WÄNDE: Eine Fläche aus Tadelakt

Für Tadelakt tragen Sie zwei Schichten einer Mischung aus puderförmigem Kalk und Schlämmkreide auf (muss einen dickflüssigen Brei ergeben). Die Pigmente kommen erst bei der zweiten Schicht dazu. Den charakteristischen Look erhalten Sie, indem Sie den Putz mit einem Präparat auf der Basis von Schmierseife und Ei polieren.

▶ WÄNDE: Wie arbeitet man mit Kalk-Hanf-Putz?

Reinigen Sie zunächst den Untergrund (Beton, Backstein, Stein usw.), indem Sie alles entfernen, was nicht richtig hält. Anschließend befeuchten Sie ihn. Stellen Sie dann einen Unterputz (im Verhältnis eine Einheit Kalk zu zwei Einheiten Sand) für eine bessere Haftung des Putzes her.

Für den Putz verwenden Sie eine Betonmischmaschine. Füllen Sie zunächst Wasser (25 l) in die Maschine, anschließend den Hanf (100 l). Lassen Sie die Maschine zwei Minuten laufen und fügen Sie dann den Kalk als Bindemittel hinzu. Lassen Sie die Maschine fünf Minuten laufen und füllen Sie dabei nach und nach Wasser ein (10 l). Die Mischung muss homogen, cremig und fett sein. Es gibt gebrauchsfertigen Kalk-Hanf-Putz (Luftkalk und Hanfstroh) in 20-l-Eimern. Dieser kann bei der zweiten Schicht mit Pigmenten gefärbt werden.

Tragen Sie den Putz auf den noch frischen Unterputz auf; so haftet er besser. Arbeiten Sie mit einer Glätt- oder Maurerkelle. Jede Putzschicht ist 2 bis 3 cm dick (insgesamt 3 bis 8 cm). Lassen Sie den Putz zwischen jeder Schicht mindestens eine bis anderthalb Stunden trocknen. Wenn der Raum gut belüftet ist, trocknet er noch besser. Sie können den Rohputz behalten (in diesem Fall genügt ein Glätten) oder ihn mit einem Kalkanstrich überstreichen.

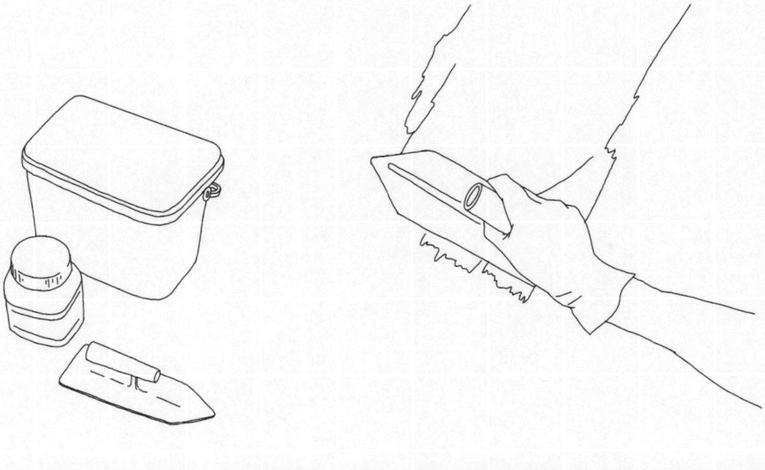

▶ WÄNDE: Paneele verlegen

Paneele werden in der Regel auf Holzlatten genagelt. Dank dieser Konstruktion kann an der Wand oder an Dachschrägen ein Dämmstoff integriert werden. Die Elemente haben an jeder Längsseite Nut und Feder, sodass sie ineinandergesteckt werden können.

Beginnen Sie zunächst mit der Installation der Konstruktion. Sie kann aus Latten bestehen, welche im Abstand von etwa 50 cm rechtwinklig zu den zu verlegenden Elementen genagelt werden. Legen Sie dann das erste Element mit seiner Nut gegen die Anfangsecke. Befestigen Sie es auf den Latten, indem Sie es im Bereich der Nut vernageln. Verwenden Sie Versenkstifte (ohne Kopf), um das Zusammenstecken mit dem folgenden Element nicht zu stören. In Anbetracht der Konfiguration werden Sie die Nägel schräg hineinschlagen müssen. Schlagen Sie sie mit einem Nageltreiber ins Holz, wenn sie das Einhängen der Feder in die Nut des folgenden Elements stören. Verfahren Sie so bei allen Elementen: Schlagen Sie mit dem Hammer auf die Seite, aber schieben Sie ein Holzstück dazwischen, um die Feder nicht zu beschädigen.

Die Paneele können vertikal oder horizontal verlegt werden, mit oder ohne versetzte Fugen. Bei sehr breiten Paneelen (7 bis 37,5 cm) hat man mehr Möglichkeiten als bei traditionellen (5 bis 7 cm breit). In jedem Fall müssen Sie die Elemente schneiden. Für ein präziseres Arbeiten verwenden Sie eine Säge mit feiner Zahnung und eine Gehrungsschneidlade.

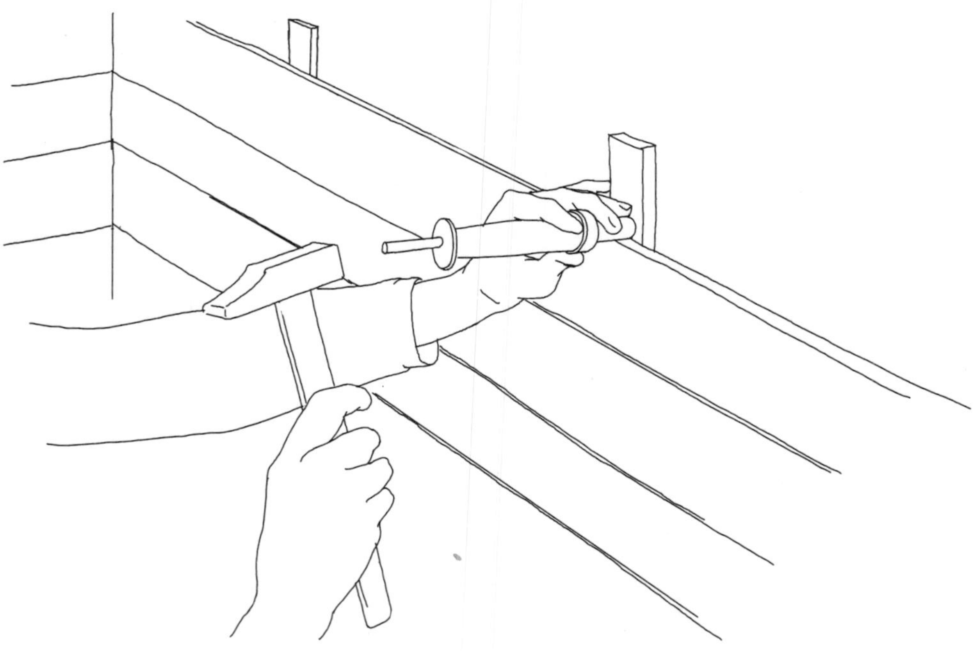

▶ WÄNDE: Korkplatten verlegen

Das Verlegen von Korkplatten (mit einem ökologischen Universalkleber) erfolgt von der Mitte der entsprechenden Wand aus. Um den Anfangsort zu bestimmen, zeichnen Sie die Mittellinie und kreuzen Sie diese in der Mitte mit der vertikalen Achse, die Sie durch ein Lot erhalten haben. Das Verlegen erfolgt anschließend, indem jeder der vier Bereiche, die sich durch diese Musterzeichnung ergeben haben, mit den Platten versehen wird.

Gehen Sie Bereich für Bereich vor. Legen Sie die Platten entsprechend den Achsen Seite an Seite nebeneinander. Wenn Sie in den Ecken ankommen, kleben Sie die letzten Platten nicht direkt fest. Sie müssen angepasst und geschnitten werden. Machen Sie dies aber erst, wenn die ganze Wand bedeckt ist.

Um die Platten passgenau zuzuschneiden, legen Sie eine zweite Platte auf die letzte Platte der Reihe, die an die Ecke stößt. So können Sie die Schnittlinie auf die Zwischenplatte zeichnen. Jetzt müssen Sie nur noch die Platte auf eine stabile und ebene Fläche legen und sie mithilfe von Cutter und Lineal zurechtschneiden. Für runde Schnitte oder besondere Profile machen Sie am besten eine Schablone, die Sie auf die Platte übertragen.

Das Verlegen von Platten aus expandiertem Kork, die einen hervorragenden Schalldämmungs- und Wärmekomfort bieten und sowohl roh als auch zur Wandverschalung (mit Gipsverkleidung) oder sogar als Bodenplatten verwendet werden können, erfolgt nach dem gleichen Prinzip.

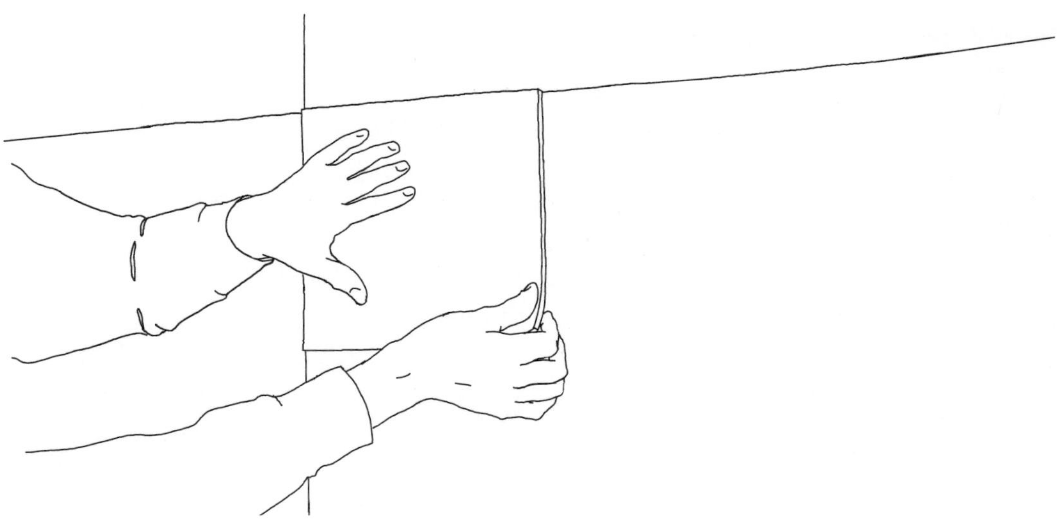

ADRESSVERZEICHNIS

Dieses Adressverzeichnis listet für Sie wichtige Hersteller, Händler und Organisationen auf, die für einen gesunden Wohnbereich und Umweltschutz eintreten.

▶ PLANUNG UND DURCHFÜHRUNG VON ÖKOLOGISCHEN BAUPROJEKTEN (nach PLZ)

Kaden + Klingbeil Architekten
Liselotte-Hermann-Str. 3
10407 Berlin
Tel.: 030-48624662
Fax: 030-48624661
E-Mail: info@kaden-klingbeil.de

Dipl.-Ing. Architekt Sven Klobe
Kaufhausstr. 4
21335 Lüneburg
Tel.: 04131-267881
Fax: 04131-267883
E-Mail: sk@planungswerk-architektur.de

Zimmerei Arne Jacob
Am Alten Sägewerk 18
21400 Holzen
Tel.: 04137-1450
Fax: 04137-814780
E-Mail: info@zimmerei-jacob.de

Moresby Haustechnik & Elementproduktion GmbH & Co. KG
Gretchenkoppel 3a
22399 Hamburg
Tel.: 040-6063145
E-Mail: info@moresbyhaus.de

SUCKFÜLL Zimmerei & Holzbau
Pannsweg 29
22417 Hamburg
Tel.: 040-53908807
Fax: 040-53908398
E-Mail: info@holzbau-suckfuell.de

Zimmerei & Bauelemente Andreas Johnsen
Corbekstraße 3
22969 Witzhave
Tel.: 04104-6741
Fax: 04104-7827
E-Mail: info@zimmerei-johnsen.de

Dipl.-Ing. Architektin Alexandra Stauvermann
Dankwartsgrube 45
23552 Lübeck
Tel.: 0451-4008394
Fax: 0451-4008395
E-Mail: info@astauvermann.de

Naturbau Meldorf GmbH
Österstr. 57
25704 Meldorf
Tel.: 04832-5151
Fax: 04832-5152
E-Mail: info@naturbau-meldorf.de

Kantholz-Zimmerei
Schlagbaumweg 15
26131 Oldenburg
Tel.: 0441-505816
Fax: 0441-506779
E-Mail: info@kantholz-zimmerei.de

HABITARE-Hauskonzepte
Hauptstraße 60
28816 Stuhr
Tel.: 0421-4919121
Fax: 0421-4919579

E-Mail: info@habitare-hauskonzepte.de

manufactum NEH GmbH
Boschstraße 5
32051 Herford
Tel.: 05221-32957
Fax: 05221-347812
E-Mail: dialog@manufactum.net

ökologische Baustoffe Bielefeld
Siechenmarschstr. 21
33615 Bielefeld
Tel.: 0521-64942
Fax: 0521-60522
E-Mail: Info@oeko-bauwelt.de

Gast + Partner GmbH
Pillmannstr. 21
38112 Braunschweig
Tel.: 0531-2312222
Fax: 0531-316006
E-Mail: info@gast-partner.de

Zimmerei Zultner GmbH & Co.KG
Industriestr. 20
42499 Hückeswagen
Tel.: 02192-931537
Fax: 02192-931539
E-Mail: zimmerei-zultner@t-online.de

riek-architektur
Uhlandstraße 61
45468 Mülheim a. d. Ruhr
Tel.: 0208-2999725
Fax: 0208-2999724
E-Mail: info@riek-architektur.de

wohnbehagen gmbh & co. kg
Hainbuchenstr. 19
48712 Gescher-Hochmoor
Tel.: 02863-381430
Fax: 02863-383979
E-Mail: dialog@wohnbehagen.eu

Ökobau Tiarks
Markt 6
49324 Melle
Tel.: 05422-43380
E-Mail: tiarks@vr-web.de

ecoMANDANT GmbH
Aachener Str. 1158a
50858 Köln
Tel.: 02234-943891
Fax: 02234-943892
E-Mail: info@koelner-holzhaus.de

skt-umbaukultur
Buschstraße 20
53113 Bonn
Tel.: 0228-218706
Fax: 0228-217101
E-Mail: cs@umbaukultur.eu

Energie- und umweltgerechtes Bauen Schwering
Oestricher Straße 57
58638 Iserlohn
Tel.: 02371-12211
Fax: 02371-27872
E-Mail: architekt@leo-schwering.de

Planungsbüro Hagenmüller
Hortensienweg 9
65201 Wiesbaden
Tel.: 0611-601484
Fax: 0611-41140808
E-Mail: ahagenmueller@aol.com

Holzbau GmbH
Max-Born-Str. 12a
68169 Mannheim
Tel.: 0621-3212123
Fax: 0621-3212124
E-Mail: holzbau-gmbh@t-online.de

A-Plan GbR
Weipertstraße 8-10
74076 Heilbronn
Tel.: 07131-7669470
Fax: 07131-7669479
E-Mail: info@a-plan-gbr.de

Bauteam26
Bergmannstr. 26
80339 München
Tel.: 089-74132410
Fax: 089-74132426
E-Mail: info@bauteam26.de

KOBUS Die Hausmanufaktur GmbH
Einharting 12
83567 Unterreit
Tel.: 08638-98700
Fax: 08638-987097
E-Mail: info@kobus-haus.de

Franz Füssinger Freier Architekt und Energieberater
Hohgreut 3
88364 Wolfegg
Tel.: 07527-5401
Fax: 07527-918797
E-Mail: franz.fuessinger@t-online.de

architekturbüro bucher + hüttinger
Gleiwitzer Str. 22
91074 Herzogenaurach
Tel.: 09132-735695
Fax: 09132-735694
E-Mail: hb@bucher-huettinger.de

Naturwerk GmbH
Dorfstraße 39b
92331 Parsberg
Tel.: 09492-9079505
Fax: 09492-9079510
E-Mail: info@naturwerk-gmbh.de

Ökohaus Kandl GmbH
Schweinhofer Str. 42
97616 Bad Neustadt
Tel.: 09771-995162
Fax: 09771-995163
E-Mail: info@kandlhaus.de

Karlburger Holzbau GmbH
Hessheimer Weg
97753 Karlburg
Tel.: 09353-982255
Fax: 09353-982277
E-Mail: bauen@karlburger-holzbau.de

Dipl.-Ing. Architekt Harald Manthey
Bleichrasen 1b
99817 Eisenach
Tel.: 03691-881486
Fax: 03691-881485
E-Mail: h.manthey-architekt@t-online.de

▶ ORGANISATIONEN UND VERBÄNDE

Arbeitskreis Baubiologie Mittelrhein e. V.
Auf dem Strengel 31
53489 Sinzig/Rhein
Tel.: 02641-3780173
E-Mail: info@arbeitskreis-baubiologie.de

Arbeitskreis Ökobau Ruhrgebiet e. V.
Auf dem Beerenkamp 45
46282 Dorsten
Tel.: 02863-381430
Fax: 02863-7517307
E-Mail: team@oekobau-ruhrgebiet.de

EEB Verband Energieeffizientes Bauen e. V.
Chemnitzer Platz 1
08371 Glauchau
Tel.: 03763-488287
Fax: 03763-488286
E-Mail: info@eebev.de

Institut für Baubiologie + Ökologie (IBN)
Holzham 25
83115 Neubeuern
Tel.: 08035-2039
Fax: 08035-8164
E-Mail: institut@baubiologie.de

ÖkoBau Rheinland e. V. c/o netz NRW e. V.
Biegerstraße 22
51063 Köln
Tel.: 0700-15122220
Fax: 0721-151222266
www.oekobau-rheinland.de

Ökologisch Bauen Bundesweit
Bund Architektur und Umwelt e. V.
Jägerstraße 39
14467 Potsdam
Tel./Fax: 0331-6200485/84
E-Mail: Info@bau-architekten.de

Verein für ökologisches Bauen Leipzig e. V.
Büro: Haus der Demokratie Leipzig
Bernhard-Göring-Str. 152
04277 Leipzig
Tel./Fax: 0341-3065220

▶ ÖKOLOGISCHE RAUMGESTALTUNG

Leinos Naturfarben/ Reincke Naturfarben GmbH
Rudolf-Diesel-Str. 4
21614 Buxtehude
Tel.: 04161-87549
Fax: 04161-78369
www.leinos.de

Lonsberg Naturbetten Textilwerk P. Lonsberg GmbH
Am Pastorsbusch 6
33129 Delbrück
Tel.: 05250-51090
Fax: 05250-510939
E-Mail: info@lonsberg.de

ÖkoControl/ProÖko Gesellschaft für Qualitätsstandards ökologischer Einrichtungshäuser mbH
Subbelrather Str. 24

50823 Köln
Tel.: 0221-5696820
Fax: 0221-5696821
E-Mail: info@pro-oeko.com

Parkett Naturnah
Adersstraße 5
42119 Wuppertal
Tel.: 0202-2422277
Fax: 0202-2422278
E-Mail: info@naturnah.de

WohnArt GmbH
König-Karl-Straße 83
70372 Stuttgart
Tel.: 0711-5782806
Fax: 0711-588811
E-Mail: wohnart-stuttgart
@email.de

► BAUMÄRKTE

Mittlerweile finden Sie auch in Baumärkten eine große Auswahl an ökologischen Baustoffen:

Bauhaus
Tel.: 0800-3905000
www.bauhaus.info

Globus
Tel.: 06898-5150
www.globus-baumarkt.de

Habitat
Tel.: 0231-7254830
www.habitat.de

Hagebau
Tel.: 0180-503 0003
www.hagebau.de

Hornbach
Tel.: 06348-6000
www.hornbach.de

Ikea
Tel.: 01805-353435
www.ikea.de

OBI
Tel.: 01805-624624
www.obi.de

Praktiker
Tel.: 0800-1222122
www.praktiker.de

toom
Tel.: 0800-7763422
www.toom-baumarkt.de

NOTIZEN

REGISTER

DANKSAGUNG

Wir bedanken uns bei allen Personen und Organisationen, die die Durchführung der Aufnahmen für die folgenden Seiten ermöglicht haben:

Les Ateliers de Vérone, Restaurierung und Raumgestaltung mit Kalk (Seiten 9, 17 und 43). Arbeiten und Workshops über traditionelle Restaurierung und Raumgestaltung mit Kalk, Tünche, Stuck und Tadelakt (http://www.lesateliers-deverone.com);

L'Écologîte, Herbergen und Gästezimmer, La Haluchière, 44520 Grand-Auverné (ecologite@free.fr) für die Seiten des Inhaltsverzeichnisses (oben links), 11, 38 unten, 39, 44, 60, 59;

Agnès Kotarba (Dekorateurin), Françoise Lenormand (Innenarchitektin) und Hervé Oury (Schreiner) für die Seiten 46-47;

Jean-Marie Pettés (10, Grand'rue, 81500 Lavaur und 148, allée de Barcelone, 31000 Toulouse) und Reine Sagnes (9, rue Père-Colin, 81500 Lavaur), Architekten, für die Seiten 35 oben und unten, 62 und 64;

Domaine Le Repaire du Géant, Gästezimmer d'hôtes (http://www.repairdugeant.com), für die Seiten 10, 24, 38 oben und 63;

Sage-Segard, Beratung und Schultung (marc.sage@wanadoo.fr), für die Seite 8.

Die Autoren möchten sich außerdem bei den folgenden Personen für ihre Mitarbeit und ihre Tipps bedanken:

Patrick Berland (Maison et Nature, ZA du Chiriac, 120, rue Louis-Armand, 73200 Albertville);

Agnès Busière von Éditions Fleurus;

Monica und Stéphane Frambourg, Maurer (sfm@alicepro.fr);

Yves Khun und Mireï Quatéro (Firma Canosmose) (http://www.canosmose.com);

Olivier Piel (bio.demeure@wanadoo.fr);

Den Damen und Herren Alléon, Domenge, Rajat;

Den Handwerkern und Verbänden Arthema, Ôkhra (Schulungen über Ocker und Pigmente, http://www.okhra.com), Terres et Couleurs (Promotion des terres colorantes, http://www.terresetcouleurs.com).

FOTONACHWEIS

YVES ROBIC: 8, 9, 10, 11, 15 unten, 17, 18, 21 unten, 24, 25, 26-27, 28, 35 oben und unten, 38 oben und unten, 39 oben und unten, 43 oben und unten, 44, 45 oben und unten, 46-47, 50, 52 oben, 56, 59, 62, 63, 64.

BRUNO WARION: 7.

INSIDE / A. Baralhe: 20 links; A. Von Einsiedel: 21 oben; B. Claessens: 33, 49, 53, 66, 70; D. Vorillon: 30; E. Saillet: 13, 22, 61; H&L / D. Chatz: 71; H&L / J. de Villiers: 19, 37, 52 unten; H&L / M. Hall: 68; H&L / M. Lanning: 4; H&L / W. Heath: 65; House of pictures / K. Krogh: 36; I.A. / E. Van der Wyck: 29; I.A. / S. Upton: 23, 40 unten, 55; Interior archive / T. Beddow: 40 oben; Interior archive / T. Clinch: 42; J. Hall: 57; L. Wauman: 16, 32, 34, 51, 67 rechts; M. Arnaud: 54; M. Roobaert: 12, 15 oben, 58 rechts; S. Anton: 20 rechts, 67 links; S. Clement: 60; S. Dos Santos: 14, 41, 58 links; V. T' Sas: 69; W. Waldron: 48.

BESONDERER DANK AN: Bernard Mazerat, Architekt, Seite 13; www.maisondumoulin.com, Seite 15; Bindels, Architekt, Seite 20 rechts; Catherine Pommier, Architektin, Seite 22; Frederica Palacios, Dekorateurin, Seite 23; Nicolette Le Pelley, Dekorateurin, Seite 29; Heinz Lecler, Architekt, Seite 30; Ludo Wouters, Architekt, Seite 33; Gouny & Marange, Seite 41; Cy Peys, Architekt, Seite 49; Lars Sjoberg, Dekorateur, Seite 55; F. Manguin, Architekt, Seite 58 rechts; Eric Chevalier, Dekorateur, Seite 61; Andy Horn c/o Eco Design, Seite 68.

Fleurus Idee is an imprint of Fleurus Verlag

Illustrationen: Arnaud Madelénat

Übersetzung aus dem Französischen:
Tanja Köster (für akapit Verlagsservice)

Redaktion und Produktion der deutschen Ausgabe:
Akapit Verlagsservice, Berlin – Saarbrücken

Umschlaggestaltung:
MWK, Köln

ISBN 978-3-89717-574-7

Printed and bound in October 2008
by Book Partners China Ltd.

10 9 8 7 6 5 4 3 2 1